Mein Sprachenpass

Bevor wir anfangen, möchte ich gern noch einiges über dich wissen: Welche Sprachen kennst du schon? Wie lernst du am liebsten?

Diese Sprachen sind mir begegnet:

Zu Hause sprechen wir: ______________________________

Manche meiner Freunde sprechen als Muttersprache: ______________________________

In der Schule lerne ich: ______________________________

In meiner Schule kann man auch ______________________________ lernen.

In den Ferien habe ich schon andere Sprachen gesprochen oder gehört.

Das sind: ______________________________

W0277895

So lerne ich Sprachen:

So lerne ich gern *(Kreuze an)*:

mit Musik / Liedern ☐

beim Lesen ☐

am Computer ☐

mit Spielen ☐

beim Zuhören ☐

im Urlaub ☐

____
(Oder noch anders? – Schreib auf!)

Das möchte ich auf Französisch können *(Kreuze an)*:

Mich mit anderen unterhalten ☐

Lieder verstehen ☐

An frz. Freunde schreiben ☐

Bücher, Comics lesen ☐

Weltsprache Französisch:

In vielen Ländern der Welt wird Französisch gesprochen, in Europa außer in Frankreich z. B. auch in

____

Bienvenue!

Vis-à-vis

1 Französisch kann ich!

A *Sucht die französischen Wörter für folgende deutsche Wörter. Für jede richtige Antwort könnt ihr die entsprechende Region aus der Frankreichkarte auf Seite 3 ausmalen:*

1. Wohnung ______________________
2. Verzeihung ______________________
3. Nachspeise ______________________
4. Andenken ______________________
5. Erstaufführung ______________________
6. Stockwerk ______________________
7. Künstlerwerkstatt ______________________
8. Großer Preis ______________________
9. Unglück ______________________
10. Mut ______________________
11. Geschäftszweig ______________________
12. Verabredung ______________________
13. Feinschmecker ______________________
14. Gehweg ______________________
15. Gesicht ______________________
16. Pfannkuchen / Palatschinken ______________________
17. Danke ______________________
18. Mein Liebling ______________________
19. Apfelsine / Orange ______________________
20. Stange Brot ______________________
21. Lied ______________________
22. Hörnchen / Kipferl ______________________

B *Schneidet aus Zeitschriften und Etiketten französische Markennamen und französische Wörter aus und nehmt sie in die Schule mit. Übt gemeinsam die Aussprache. Ihr könnt die Wörter in der Schule auf Papierbögen aufkleben oder aufschreiben und im Klassenzimmer aufhängen.*

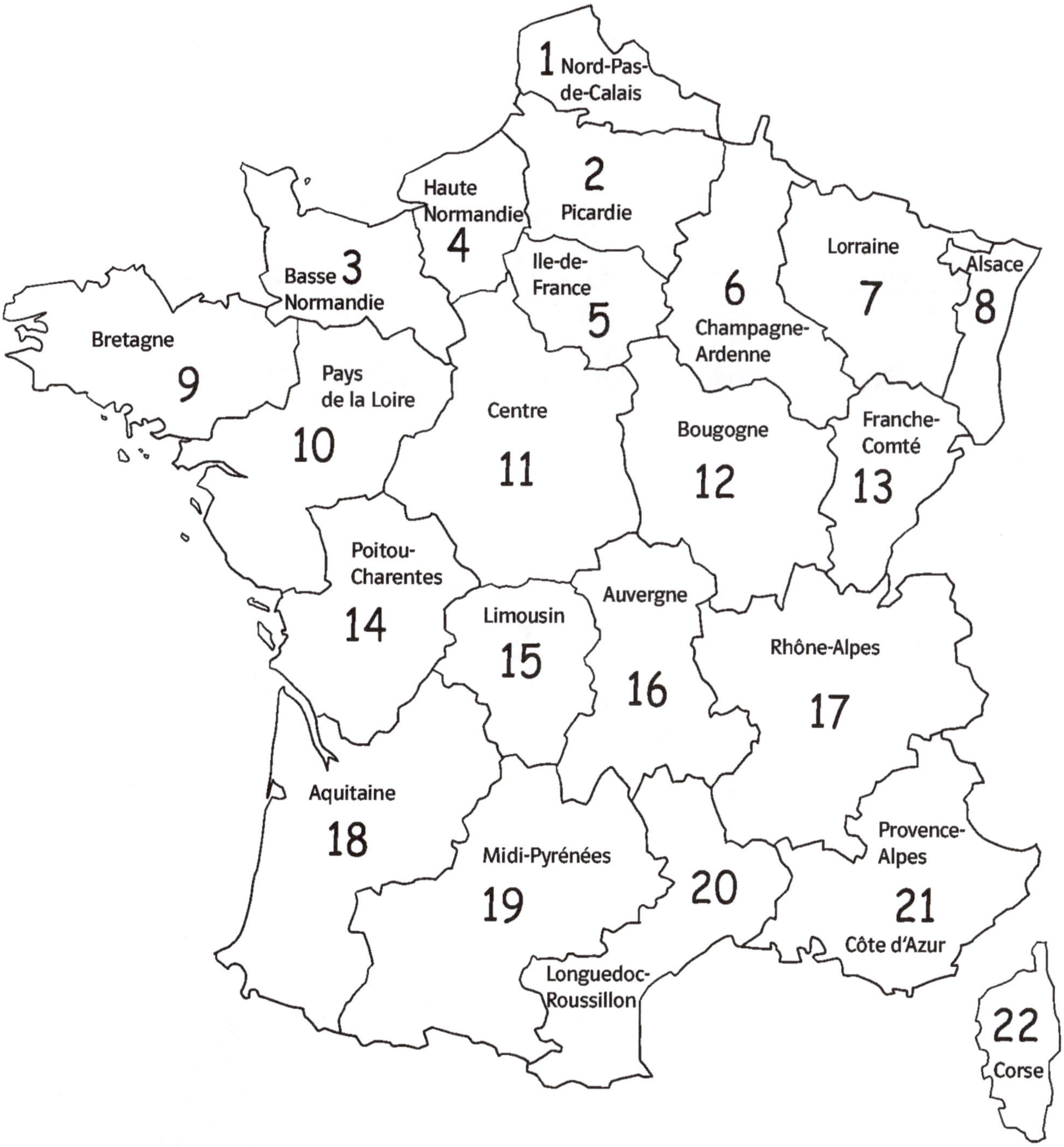

Vis-à-vis

2 C'est la France! (Das ist Frankreich!) (nach SB S. 10)

Du weißt bestimmt schon einiges über Frankreich!

Welches Wort passt zu welchem Bild?
Ziehe Linien von den nummerierten französischen Wörtern zu den passenden Bildern.
Wenn du dann die Buchstaben in der richtigen Reihenfolge unten einträgst,
erfährst du, wie der Eiffelturm, das Wahrzeichen von Paris, auf Französisch heißt.

1	2	3	4	5	6
Obélix	un croissant	le TGV	Napoléon	une baguette	le champagne

7	8	9	10	11	12
une crêpe	le parfum	la France	un camembert	le tour de France	le Mont-Blanc

Wie heißt der Eiffelturm auf Französisch?

__ __   __ __ __ __   __ __ __ __ __ __

Ihr könnt euch mit dieser Seite ein Memo-Spiel basteln. Klebt eine Fotokopie der Seite auf Pappe. Ihr könnt die Seite auch mit Folie überziehen. Schneidet die einzelnen Kärtchen aus. Spielt zusammen!

Vis-à-vis

3 La carte de France

Trage die Orte auf S. 6 an den richtigen Stellen ein. Die Karte auf der Innenseite des Schülerbuches dient dir als Kontrolle.

1. Paris

5. Dijon

2. Toulouse

7. Mont St. Michel

3. Cannes

8. Le Mans

4. Bordeaux

9. Strasbourg

Calais
Lille
Amiens
Cherbourg
Le Havre
Rouen
Reims
Metz
Caen
Châlons-en-Champagne
Brest
Nancy
Chartres
Rennes
Lorient
Mulhouse
Angers
Orléans
Besançon
Tours
Nantes
Bourges
Poitiers
La Rochelle
Clermont-Ferrand
Limoges
Lyon
St-Etienne
Grenoble
Monaco
Nîmes
Avignon
Montpellier
Bayonne
Béziers
Marseille
Perpignan

Ecouter

4 Le français et les autres langues. (Französisch und die anderen Sprachen)

6 *Wer spricht welche Sprache? Wer spricht Französisch?*

1. Name: ____________ **2.** Name: ____________ **3.** Name: ____________ **4.** Name: ____________

Sprache: ____________ Sprache: ____________ Sprache: ____________ Sprache: ____________

5. Name: ____________ **6.** Name: ____________ **7.** Name: ____________ **8.** Name: ____________

Sprache: ____________ Sprache: ____________ Sprache: ____________ Sprache: ____________

Ecrire

5 Les mots et les lettres. (Wörter und Buchstaben)

A *In den folgenden Sätzen fehlen bei manchen Wörtern ein oder zwei Buchstaben. Trage sie ein.*

Beispiel: Salu t, Sarah!

- Salu ___! Je m'appelle Sarah, et t _______?
- Moi, je m'appell___ Lucie.
- Bonj_______ r, Thomas. Ça va?
- Oui, ça va bi_______, merci.
- A___ revoir, Thomas.

t en e oi ou u

B *Finde die einzelnen Wörter und schreibe den Satz mit den richtigen Wortabständen ab.*

___

Unité 1

Bonjour, Paris!

Découvertes

Chanson

1 Bonjour, Paris! (nach SB S.16)

17–18

Bonjour, Paris!
Je cherche un taxi
Comment ça va?
Depuis l'autre fois!

Je te fais un bisou
Sur les deux joues
Sur les deux rives
Maintenant j'arrive!

Tes restaurants
Sont succulents
Et tes menus
M'ont toujours plu!

Paris, au revoir!
Lave tes trottoirs
Mets un peu de rouge
Au moulin rouge!

Je quitte ton hôtel
Je me fais la belle
Les gens de mon âge
Aiment les voyages!

M + T: Gilles Floret

A *Ecoutez la chanson. (Hört das Lied.)*

B *Chantez la chanson avec le playback. (Singt das Lied mit dem Playback.)*

C *Notez les mots que vous connaissez déjà avec la traduction.*
(Notiert die Wörter, die ihr schon kennt, mit der Übersetzung.)

1. un taxi → ____________
2. un restaurant → ____________
3. un menu → ____________
4. un trottoir → ____________
5. un hôtel → ____________
6. ____________ → ____________
7. ____________ → ____________

Vis-à-vis

2 La bise (nach SB S.16)

A *Beurteile, ob sich Franzosen in den folgenden Situationen mit der „bise" begrüßen / verabschieden würden.*
Coche la bonne réponse.
(Kreuze die richtige Antwort an.)

Vis-à-vis

In Frankreich gibt man sich in der Familie und im Freundeskreis bei der Begrüßung und beim Abschied häufig eine „bise" (einen Kuss auf die Wange). Männer und Jungen begrüßen sich eher mit Handschlag oder umarmen sich.

	oui	non
1. Maries Oma verabschiedet sich von der ganzen Familie.	☐	☐
2. Maries Vater begrüßt seinen Chef.	☐	☐
3. Léo trifft seine Cousine.	☐	☐
4. Léo kauft ein Baguette beim Bäcker.	☐	☐
5. Marie verabschiedet sich nach der Schule von ihrer Freundin.	☐	☐

B *Wie begrüßt du deine Freunde. Wie verabschiedest du dich?*

Atelier A

de mots **3** **Qui est-ce?** (nach SB S. 22, Nr. 4)

Ein Freund schickt dir über sein Handy ein paar Fotos. Du fragst, wer das sein soll. Er antwortet.

Complète les dialogues. (Ergänze die Dialoge.)

- Qui ______________________ - C'est ______________________

- ______________________ est-ce? - ______________________ Léo.

______________________ ______________________

______________________ ______________________

Ecrire **4** **Tu t'appelles comment?** (nach SB S. 22, Nr. 4)

→ En plus, Nr. 1 △

Du hast mit deiner Nachbarin / deinem Nachbarn eine kleine Szene geschrieben. Leider haben Kakaoflecken einige Stellen unleserlich gemacht. Füge die richtigen Wörter wieder ein, damit ihr die Szene spielen könnt.

A *Complète le texte.*

1. *Léo:* Salut, ______ ça va?
2. *Marie:* Ça ______ ______. Et ______ ______?
3. *Léo:* ______ ______ va ______ ______, merci.
   Tu t' ______ ______ comment?
4. *Marie:* Moi, ______ ______ m'appelle Marie. Et toi?
5. *Léo:* Moi, c' ______ ______ Léo.
   Et ______ ______ Malabar.
   Malabar: Ouah! Ouah!

toi | est | voilà | appelles | je | Ça | va | bien

B *Jouez la scène. (Spielt die Szene.)*

Atelier B

En forme

5 «un» ou «une»? (G1) (nach SB S.22, Nr.3)

A *Cherchez et entourez les 8 mots. (Sucht und umkreist die 8 Wörter.)*
Die Wörter sind waagerecht und senkrecht versteckt.
Es sind alles Wörter, die in den Übungen 2 und 4 des Schülerbuches S. 22 vorkommen.

b	z	c	h	a	t	l	m	g	f	c
m	o	n	s	i	e	u	r	p	p	o
g	c	t	j	s	b	f	u	z	l	p
c	o	u	d	a	m	e	b	l	e	a
h	p	g	h	s	t	p	b	u	r	i
i	i	n	f	i	l	l	e	m	x	n
e	n	a	i	t	e	v	b	t	i	n
n	e	w	z	g	a	r	ç	o	n	a

STRATEGIE

un oder une? Lerne die Wörter immer mit den Artikeln! Du kannst dir die männlichen Nomen blau und die weiblichen Nomen rot notieren. Farben helfen beim Einprägen!

B *Ecris les mots avec l'article dans la maison bleue ou la maison rouge.*
(Schreibe die Wörter mit ihrem Artikel in das blaue Haus oder das rote Haus.)

Stratégie

6 Joue au détective. (Spiele Buchdetektiv.) (nach SB S.22, Nr. 3)

Bei neuen Wörtern kennst du den Artikel noch nicht.
Schlage in deinem Buch in der Liste des mots nach!
Ergänze dann den männlichen Artikel blau, den weiblichen Artikel rot.

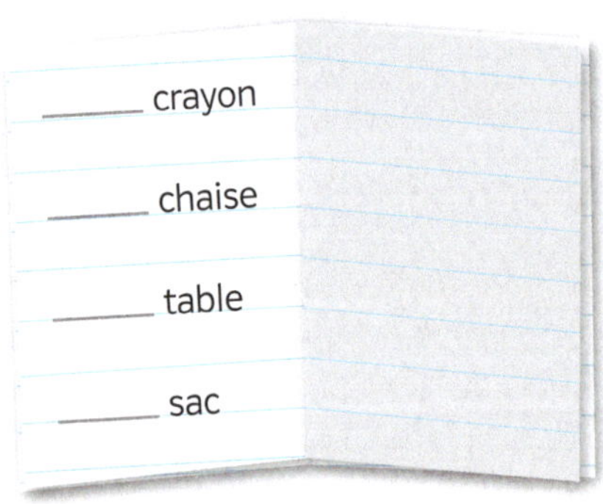

de sons

7 [ɔ̃] ou [ɑ̃] ou [ɛ̃]? (nach SB S. 23, Nr. 5)

Die Laute **[ɔ̃]**, **[ɑ̃]** und **[ɛ̃]** nennt man Nasale.
Sie werden „durch die Nase" ausgesprochen.

19 **A** *Ecoute. (Höre zu.)*
Streiche dann in jeder Zeile das Wort durch, das nicht den angegebenen Laut enthält.

1. [ɔ̃] Bonjour! garçon Attention! Au revoir!
2. [ɑ̃] Comment Nathan Fantastique? Pardon!
3. [ɛ̃] copain Un copine chien

B *Répète les mots de la partie A. (Sprich die Wörter von Teil A nach.)*

20 **C** *Chantez. (Singt.)*

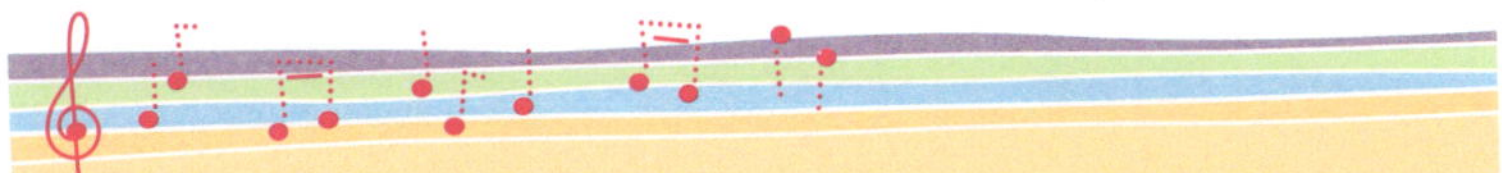

Sur le pont d'Avignon

1.
Sur le pont d'Avignon,
On y danse, on y danse,
Sur le pont d'Avignon
On y danse tout en rond.
Les belles dames font
comme ça
Et puis encore comme ça.
Sur le pont d'Avignon,
On y danse, on y danse,
Sur le pont d'Avignon
On y danse tout en rond.

2.
Sur le pont d'Avignon,
On y danse, on y danse,
Sur le pont d'Avignon
On y danse tout en rond.
Les messieurs font
comme ça
Et puis encore comme ça.
Sur le pont d'Avignon,
On y danse, on y danse,
Sur le pont d'Avignon
On y danse tout en rond.

Les mots
les lettres

8 [ɔ̃] ou [ɑ̃] ou [ɛ̃]? (nach SB S. 23, Nr. 5)

→ En plus, Nr. 3 △

Complète les mots. (Vervollständige die Wörter.)

STRATEGIE

Die Lautschrift ist ein toller Geheimcode. Wenn du ihn knacken kannst, findest du im Vokabular deines Buches ganz leicht heraus, wie ein Wort gesprochen wird – auch wenn der Laut durch verschiedene Buchstaben wiedergegeben wird.

[ɔ̃]: b [o] [n] jour — attenti [ ] [ ] — n [ ] [ ] — pard [ ] [ ] — garç [ ] [ ]

[ɑ̃]: Nath [a] [n] — f [ ] [ ] tastique — comm [ ] [ ] [ ]

[ɛ̃]: [u] [n] — Valent [ ] [ ] — chi [ ] [ ] — cop [ ] [ ] [ ] — vi [ ] [ ] [ ]

En forme

9 je suis, tu es, il/elle est (G 2) (nach SB S. 23, Nr. 6)

→ En plus, Nr. 2 △

A *Ersetze die Vornamen in den Häusern durch* ***il*** *oder* ***elle****.*
Ecris il en bleu ou elle en rouge sur le toit.
(Schreibe il in Blau oder elle in Rot auf das Dach.)

je suis
tu es
il
elle – est
c'

Il	______	______	______	______	______
Léo est de Paris.	**Marie** est à Paris.	**Joséphine** est de Paris.	**Gabriel** est à Nice.	**Clément** est de Toulouse.	**Léa** est de Strasbourg.

B *Ecris le dialogue. (Schreibe den Dialog, indem du die jeweilige Form von «être» bzw. das passende Personalpronomen einsetzt.)*

Clément: Salut. Je m'appelle Clément. Je suis de Toulouse.

______ es aussi de Toulouse?

Léa: Non, ______ ______ de Strasbourg. Je m'appelle Léa.

Et le chat, qui ______ -ce?

Clément: C'______ Filou, ______ est super!

Filou, ______ est Léa; ______ est de Strasbourg.

Léa: Bonjour Filou, tu ______ un chat acrobate, c'______ super!

Les mots et les lettres

10 Petites différences (Kleine Unterschiede) (nach SB S. 23, Nr. 6)

→ En plus, Nr. 3 △

Achte beim Schreiben auf kleine, aber wichtige Unterschiede.

A *«Qui» ou «Oui»? Ecris le mot correct.*
(Schreibe das richtige Wort.)

Oui Qui

– Ça va, toi? – ______, ça va bien.

– ______ est-ce? – C'est Valentin.

– ______ est Valentin? C'est un copain?

– ______

B *«et» ou «es» ou «est»?*

et es est

Voilà Léo ______ Marie.

– Tu ______ d'ici, Marie? – Oui.

– C'______ super! ______ toi,

Moustique, tu ______ mon copain?

Ecrire

11 Bonjour! Ça va? (nach SB S. 23, Nr. 7)

Eine Schülerzeitschrift hat Marie um ein Interview gebeten, um sie kennenzulernen. Hier liest du Maries Antworten.
Imagine les questions du journaliste. (Stell dir vor, was/wonach der Journalist fragt.)

____

Marie: Bonjour.

____

Marie: Je m'appelle Marie.

____

Marie: Ça va bien, merci.

____

Marie: Oui, je suis de Paris.

____

Marie: Moustique, c'est un chien.

____

Marie: Au revoir.

Au revoir, Marie.

Tu t'appelles comment?

Moustique, qui est-ce?

Bonjour.

Ça va?

Tu es de Paris?

de mots

12 Cherche l'intrus. (Suche den Eindringling.) (nach SB S. 23, Nr. 8)

→ En plus, Nr. 4 △

A *Dein kleiner Bruder will die Kisten zunageln. Das geht aber erst, wenn aus jeder Kiste das unpassende Wort entfernt ist.*
Welches Wort ist in jeder Kiste zu viel?
Barre ce mot. (Streiche dieses Wort durch.)

PORTFOLIO

B *Schreibe ein kleines Gedicht mit den Wörtern aus dieser Übung.*
Benutze die Wortliste aus dem Schülerbuch.
Füge das Blatt deiner Portfolio-Sammlung hinzu.

Voilà un chien
Il s'appelle Moustique,
C'est un copain
Un chien fantastique!

Pratique: tâches

Ecouter et regarder

13 Bonjour et au revoir! (nach SB S. 24, Nr. 1)

A *Avant l'écoute (Vor dem Hören): Betrachte die Bilder. Was vermutest du? Kreuze an, ob es sich um eine Begrüßung oder Verabschiedung handelt.*

21 **B** *Après l'écoute (Nach dem Hören): Höre die Szenen an. Kreuze an, ob es sich um eine Begrüßung oder Verabschiedung handelt.*

1
2
3

		Begrüßung	Verabschiedung
1. a	Vor dem Hören:	☐	☐
b	Nach dem Hören:	☐	☐
2. a	Vor dem Hören:	☐	☐
b	Nach dem Hören:	☐	☐
3. a	Vor dem Hören:	☐	☐
b	Nach dem Hören:	☐	☐

STRATEGIE

Stimmen deine Ergebnisse von a und b überein? Das ist toll! Daran siehst du: Wenn du Französisch hörst, ist es normal, dass du nicht alles verstehst. Dennoch kannst du vieles herausfinden. Schau dir die Situation an. Dein Auge hilft!

Parler

14 Ça va? (nach SB S. 24, Nr. 2)

A *Du musst zum ersten Mal zwischen einer deutschen Freundin und einem französischen Freund dolmetschen. Ecrivez.*

B *Jouez la scène.*

La copine allemande	Toi	Le copain français
– Guten Tag, ich bin die Katarina. Und du?	– [*Bonjour, elle, c'est …*] – [*Guten Tag. Er …*]	– Bonjour! Moi, je m'appelle Jamel.
– Bist du aus Paris?	– […] – […]	– Oui, de Paris. Et toi?
– Ich bin aus Stuttgart. Wie geht es dir?	– […] – […]	– Bof! Et toi?
– Moi? Ça va bien! Merci.	– […] – […]	– Très bien. Alors salut et merci!

Lire

15 Des enseignes (Schilder) (nach SB S. 25, Nr. 3)

→ En plus, Nr. 5 △

Du bist mit deinen Eltern in Frankreich. Ihr erlebt die folgenden Situationen.

A *Coche la bonne réponse. (Kreuze die richtige Antwort an.)*

Situation A: Ihr möchtet eine deutsche Zeitung kaufen. Wohin geht ihr?

☐ 

☐ 

☐ 

Situation B: Dein Vater möchte Geld abheben. Wohin geht ihr?

☐ 

☐ 

☐ 

B Médiation: *Deine Eltern können kein Französisch. Erkläre ihnen deine Wahl.*

STRATEGIE

Wenn du Französisch liest, ist es normal, dass du nicht alles verstehst. Dennoch kannst du vieles herausfinden, da die Situation vieles erklärt.

Du verstehst viele Wörter, weil es im Deutschen oder in anderen dir bekannten Sprachen ähnliche Wörter gibt.

Ecrire

16 Une présentation (Eine Vorstellung) (vor, statt oder nach SB S. 25, Nr. 4)

Für einen Austausch mit einer französischen Schule / einer französischen Klasse gestaltest du einen Bogen, auf dem du dich vorstellst.

1 Hier klebst du ein Bild von dir ein.		*Begrüße. Frage, wie es geht. Stelle dich vor. Sage, aus welchem Ort du bist.*
2 Hier klebst du ein Bild von deiner Freundin / deinem Freund ein.		*Stelle eine Freundin / einen Freund mit Namen vor. Schreibe, woher sie / er (auch) ist.*
3 Hier klebst du ein Bild von deinem Haustier ein.		*Stelle dein Haustier vor. Schreibe, wie es ist. (Toll. / Fantastisch. / Seltsam.)*
4 ?		*Frage, wie deine Partnerin / dein Partner heißt. Verabschiede dich.*

Überprüfe, was du kannst!
klappt noch nicht
geht so
prima
Im Cahier darfst du die Ampel ankreuzen. Vergleiche deine Lösungen mit den Lösungen auf Seite 98.

Bilan

1 Parler et écrire (nach SB S. 26, Nr. 1)

→ En plus, Nr. 1 △, 3 △, 4 △

Ich kann sagen, wie ich heiße, woher ich komme, meine Freunde und mein Lieblingstier vorstellen. Wie würde sich Léo vorstellen?

Complète le texte avec les mots donnés. (Ergänze den Text mit den vorgegebenen Wörtern.)

aussi | est | Je | m'appelle | de | Paris | revoir | voilà | vite | une | va

Bonjour. Ça ________ bien? Je ________ Léo .

________ suis ________ Paris. Voilà Marie,  ________ copine.

Elle est ________ de ________ . Et ________ Malabar .

Viens ________ Malabar! Ah, il ________ fantastique. Au ________!

2 Lire (nach SB S. 26, Nr. 2)

→ En plus, Nr. 5, △

Ich kann manchmal verstehen, worum es geht, wenn ich eine französische Beschriftung lese.

Coche la bonne réponse. (Kreuze die richtige Antwort an.)

1. Wo kann ich Bananen kaufen? ☐ a ☐ b

2. Wo kann ich einen Film ansehen? ☐ a ☐ b

a

b

3 Ecouter et regarder (nach SB S. 26, Nr. 2)

Ich kann manchmal verstehen, worum es geht, wenn ich eine Szene höre oder sehe.

22 *Ecoute les trois scènes, puis coche la bonne réponse.*
(Höre die drei Szenen an, kreuze dann die richtige Antwort an.)

1. Welche Szene entspricht der Abbildung? ☐ a ☐ b ☐ c

2. Handelt es sich um ☐ eine Begrüßung? ☐ eine Verabschiedung?

4 En forme (nach SB S. 26, Nr. 3)

→ En plus, Nr. 2 △

A Ich kann den unbestimmten Artikel *un* und *une* verwenden.

Voilà **1.** ________ chat, **2.** ________ fille, **3.** ________ garçon,

4. ________ dame et **5.** ________ monsieur.

B Ich kann das Verb *être* und die Personalpronomen im Singular verwenden.

1. – Tu ________ Marie? **2.** – Non, moi, c'________ Laila.

3. – Tu ________ de Toulouse? **4.** – Non, je ________ de Strasbourg.

5. – Clément ________ de Brest? **6.** – Non, ________ de Nice. Et moi, ________ de Paris.

En plus: différenciation

Les mots
es lettres

1 Apostrophe, cédille, accent

△ *Male die Wörter mit ihren Sonderzeichen nach. Schreibe dann selbst die Wörter daneben. Achte dabei besonders auf die Sonderzeichen.*

l'apostrophe	c'est		l'accent aigu	Léo	
la cédille	ça		l'accent grave	voilà	

de mots

2 Noms, verbes, pronoms, articles

△ **A** *Unterstreiche die Wörter im Wortsalat: Nomen grün, Verben orange, Personalpronomen gelb, Artikel männlich blau, Artikel weiblich rot.*

chien une copine un il viens elle suis es être chat tu je garçon

B *Schreibe diese 14 Wörter in die 4 Wortartenkisten. Notiere zu den Nomen immer den unbestimmten Artikel.*

Nomen	Verben	Personalpronomen	Artikel

Ecouter
et écrire

3 Dictée à deux (Partnerdiktat)

Du wählst 5 Sätze aus den Texten der Unité 1 und schreibst sie auf Kärtchen. Dann wählst du dir einen Partner, dem du diese 5 Sätze diktierst. Tauscht dann die Rollen.

Les mots
es lettres

4 Miroirs (Spiegelbilder)

△ **A** *Verbinde die Wörter mit ihren Spiegelbildern, schreibe dann die Wörter (mit ihren Ausrufezeichen).*

Attention!
Vite!
Non!
Pardon!
Bizarre!
Oui!
Au revoir!
Bonjour!
Merci!

(Spiegelbilder:) Bizarre! Vite! Attention! Non! Pardon! Oui! Au revoir! Bonjour! Merci!

Non!

B *Erkläre, in welcher Situation man die Wörter jeweils benutzen könnte.*

Lire

5 Une affiche (Ein Plakat)

Joue au détective. (Spiele Textdetektiv.)

Was kannst du herausfinden?
Coche la bonne réponse.

1. Wozu will das Plakat auffordern?

- ☐ Hunde immer an der Leine zu führen
- ☐ Hunde aus einem Tierheim aufzunehmen
- ☐ Hunde regelmäßig vom Tierarzt untersuchen zu lassen

Welches Wort hat dich auf die Spur gebracht?

2. Was findet am 2. und 3. September statt?

- ☐ Untersuchungstermine beim Tierarzt
- ☐ Kontrolle des Tierschutzvereins im Tierheim
- ☐ Tage der offenen Tür im Tierheim

Was hat dich auf die Spur gebracht?

3. Welche Informationen kannst du dem Plakat noch entnehmen?

THEATRE

6 Nous faisons du théâtre. (Wir spielen Theater.)

Schreibt Szenen für kleine Theaterstücke, die ihr im Laufe des Jahres vor Publikum aufführt. Ihr könnt den Inhalt frei erfinden.
Vielleicht gefällt euch aber auch die folgende Idee:

Mehr dazu m6m6uq

Paris: Eine große Bahnhofshalle voller Menschen. Sie warten, werden abgeholt, begrüßen sich oder hasten durch die Halle. Auch Lisa wartet. Sie zieht mit ihren Eltern von Deutschland nach Paris. Eine Nachbarin soll sie abholen, aber die beiden kennen sich noch nicht. Die Frau, die auf Lisa zuläuft, ist es nicht. Sie holt ihren Sohn ab, der neben Lisa steht. Als die Nachbarin endlich kommt, begrüßt sie ein fremdes Mädchen, das sie für Lisa hält. Lisa bekommt die Verwechslung mit und stellt sich der Nachbarin vor.

Hier noch einige praktische Tipps:

T rau dich!	Beim Ausprobieren gibt es kein Richtig oder Falsch. Das Wichtigste ist, es einfach zu versuchen!
H elft euch!	Der Partner weiß nicht weiter? Helft euch gegenseitig, nur als Team seid ihr stark!
E infälle	Sammelt alle Einfälle, probiert sie aus und entscheidet dann, welche ihr nehmen wollt.
A ufteilen!	Der eine spielt gerne, der andere kann prima zeichnen und Kostüme entwerfen. Verteilt alle Aufgaben unter euch.
T esten!	Spielt eure Szene den anderen Schülern und der Lehrerin vor und lasst euch sagen, was noch nicht stimmt.
R uhe!	Aber nur mit der Ruhe, wenn es nicht gleich klappt. Dazu gehört auch Text lernen und seinen „Typ" finden.
E rfolg!	Am Ende habt ihr ein tolles Theaterstück und könnt euch prima auf Französisch unterhalten!

Unité 2

Copain, copine

Découvertes

Chanson

1 Rue de la Chine (nach SB S. 28)

38–39

Rue de la Chine

Copain, copine, bienvenue rue de la Chine!

Bonjour le chien, salut Pékin!
Ni hao copain! Toi, ça va bien?
Voilà Yao Lin, c'est ma[1] copine
Dans ta[2] cuisine, c'est comme en Chine.

Copain, copine, bienvenue rue de la Chine!

Bienvenue Moustique, dans ma boutique!
Tu aimes aussi les nems, les sushi?
Voici des mangues et des litchis
Au revoir, merci, bon appétit!

M+T: Gilles Floret

A *Ecoutez et chantez la chanson avec le playback.*

PORTFOLIO

B *Jetzt bist du dran. Schreibe selber eine neue Strophe, in der du einen Freund oder eine Freundin präsentierst.*

C *Lies anschließend deinen Song der Klasse vor. Benutze dabei die unterstrichenen Ausdrücke.*

Exemples: Rue Saint-Martin, – Salut, Romain! Comment ça va? – Voilà Thomas C'est un copain. – Salut, Alain!

Vis-à-vis

2 La France et ton pays (Frankreich und dein Land) (nach SB S. 28)

Kennst du folgende Flüsse, Berge oder Städte?

le Rhin – la Loire – le Mont-Blanc – le Zugspitze
Marseille – Paris – Vienne – Berlin

Versuch sie auf der Karte auf der nächsten Seite zu finden. Trage dann in der Tabelle rechts die passenden Begriffe hinter den Ziffern ein und ergänze die dazugehörigen Buchstaben; diese findest du in den Ecken der Bilder.
Die Buchstaben ergeben von oben nach unten gelesen den Namen einer französischen Stadt, die nah am Atlantik liegt. Zeichne diese auf der Karte ein.

Zeichne auch den Ort, in dem du lebst, auf der Karte ein. Falls der Ort auch einen französischen Namen hat, schreibe ihn auf.

1 Paris ____ [_]
2 ____ [_]
3 ____ [_]
4 ____ [_]
5 ____ [_]
6 ____ [_]
7 ____ [_]
8 ____ [_]

1 ma meine **2 la** die

Vis-à-vis

Wusstet ihr schon? Paris ist eine sehr alte Stadt. Sie ist über 2000 Jahre alt. Es gab sie schon unter den Römern und hieß damals Lutèce (Lutetia). Berlin ist dagegen noch ziemlich jung, die Stadt gibt es erst seit 800 Jahren.

Atelier A

Approche

3 Les verbes en *-er* (singulier) (nach SB S. 30, Nr. 2)

40 **A** *Ecoute et lis le texte.*
(Höre und lies den Text.)

Dans une librairie.
Marie: Salut, Léo!
Léo: Salut, Marie! … Je cherche une BD.
Marie: Tu cherches Astérix?
Léo: Oui. On cherche ensemble? Viens!
Marie: Super! J'arrive!

Chercher und **arriver** gehören zu den Verben, die im Infinitiv auf **-er** enden.
Spiele Textdetektiv:
1. Höre den Text an. Was fällt dir bei der Aussprache der Verbformen auf?
2. Schau den Text an. Was fällt dir bei tu auf?
3. Was fällt dir bei arriver auf?

Die Lösungen stehen unten.

B *Ecris les formes de «**chercher**». (Schreibe die Formen von **chercher**.)*

ich	je	______
du	tu	______
er	il	
sie	elle	______
man	on	

de mots

4 Qu'est-ce que c'est? / Qui est-ce? (nach SB S. 32, Nr. 6)

A *Devinez. (Ratet.)*
Spielt zu zweit.

- ***A** sucht sich einen Gegenstand, eine Person oder ein Tier aus dem Kasten aus, ohne darauf zu zeigen.*
- *Dann versucht **A** mit Gesten auszudrücken, worum es sich handelt und fragt passend **Qu'est-ce que c'est?** oder **Qui est-ce?***
- ***B** muss erraten, um was es sich handelt (C'est …?).*
- *Wechselt euch nach jedem Wort ab.*

B *Ecris les lettres et les mots dans le bon ordre.*
(Schreibe die Buchstaben und Wörter in der richtigen Reihenfolge auf.)

iuQ tse-ec ? – C'tse euqitsuoM. | Qui est-ce? ______

uQ'tse-ec euq c'tse ? – C'tse enu emmog. | ______
______

tse'c euq ec-tse'uQ ? – olyts nu tse'C. | ______
______

ec-tse iuQ ? – rabalaM tse'C. | ______
______

1. Die Endungen werden nicht ausgesprochen.
2. Die Form zu **tu** wird mit **-s** am Ende geschrieben.
3. Vor Vokal wird **je** zu **j'**.

En forme

5 le / la / l' (G 3) (nach SB S. 32, Nr. 6)

A *Masculin (♂) ou féminin (♀)? Dessine le bon symbole.*
(Männlich oder weiblich? Trage das richtige Symbol ein.)

TIPP
Um dir zu merken, ob Wörter männlich oder weiblich sind, lerne diese immer mit dem unbestimmten Artikel **un** oder **une**.

cahier __	amie __	magasin __	stylo __
livre __	ami __	école __	affiche __
journal __	BD __	rue __	gomme __

B *Ecris les noms avec l'article défini dans la maison bleue, la maison rouge ou la maison noire.*
(Schreibe die Nomen mit dem bestimmten Artikel in das passende blaue, rote oder schwarze Haus.)

En forme

6 un / une / le / la / l' (G 3) (nach SB S. 32, Nr. 6)

→ En plus, Nr. 7 △

A *Moustique hat im Text Spuren hinterlassen.*
Complète le texte avec un, une, le, la ou l'.

1. Léo entre dans 🐾 le ______ magasin de Mme Latière.
2. Il cherche Malabar. C'est 🐾 ______ chien. C'est 🐾 ______ chien de Léo.
3. Mme Latière est 🐾 ______ grand-mère d'Alex.
4. Alex est 🐾 ______ fille. Elle est dans 🐾 ______ magasin et travaille pour 🐾 ______ école.
5. 🐾 ______ ami de Malabar, c'est Mélimélo. Mélimélo est 🐾 ______ chat.

B *Jouez à quatre. (Spielt zu viert.)*
Ihr packt einen Koffer voller Wörter mit dem bestimmten Artikel. Es wird im Uhrzeigersinn gespielt. Wer die Reihe nicht richtig wiedergibt, scheidet aus.

Exemple:
A: *Je prends (Ich nehme) le journal.*
B: *Je prends le journal et le stylo.*
C: *Je prends le journal, le stylo et …*

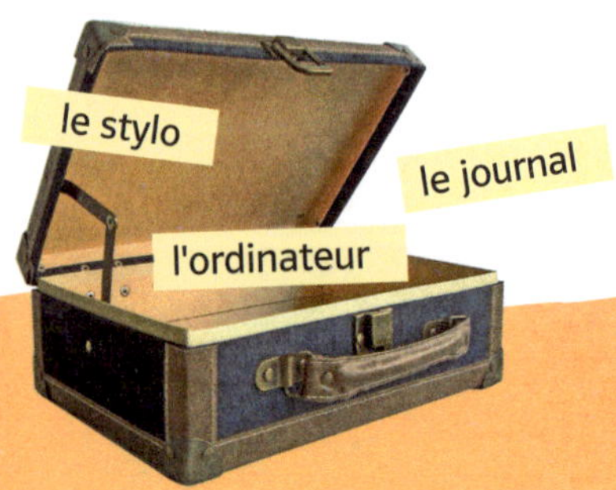

Stratégie

7 Joue au détective. (Spiele Buchdetektiv.) (nach SB S. 32, Nr. 6)

Bei manchen Wörtern in der Liste des mots (S. 192) stehen nach Nomen die Buchstaben (m.) und (f.) in Klammern. Daran kannst du erkennen, ob das Nomen männlich oder weiblich ist. Diese Buchstaben helfen dir also, wenn du das Genus (= grammatisches Geschlecht) nicht am Artikel erkennen kannst. Schlage in deinem Buch in der Liste des mots nach. Umkreise dann die folgenden Wörter blau, wenn sie männlich und rot, wenn sie weiblich sind.

âge Internet avril lundi eau maman vacances

En forme

8 Tu écoutes? (nach SB S. 30, Nr. 2)

→ En plus, Nr. 3△

A *Complète le tableau. (Ergänze die Tabelle.)*

Exemple: parler	je parle	tu parles	il parle
trouver	j__ ______	t__ ______	e__ ______
______	j__ ______	tu écoutes	o__ ______
porter	j__ ______	t__ ______	i__ ______
______	j__ ______	t__ ______	elle entre

B *Complète les bulles. (Ergänze die Sprechblasen.)*
Verwende die Verben ***chercher, arriver, travailler*** *(2x),* ***regarder.***

1

2

3

4

5

6 ***A toi! Invente un dessin et une bulle.*** *(Du bist dran. Erfinde eine Zeichnung und eine Sprechblase.)*

Moustique hat sich im Laden versteckt. Findest du ihn?

Die Bindung mit **[z]** ist bei den Verben wichtig. Bei den Verben, die mit Vokal oder stummem h beginnen, kann man beim Hören nur an der Bindung erkennen, ob ***il/elle*** oder ***ils/elles*** gemeint ist.

Atelier B

Jeu de sons

9 La liaison (Die Bindung) (nach SB S. 35, Nr. 4)

41 **A** *Ecoute. Notiere die Bindungen des "s", die du hörst.*

1. Vous‿écoutez la chanson?
2. Vous travaillez où?
3. Nous aimons le sport.
4. Nous détestons la musique.
5. Vous êtes M. Pirou?
6. Il arrive dans le magasin.
7. Ils arrivent devant le magasin.
8. Elles habitent à Paris.
9. Elle habite à Nice.
10. Ils sont dans la maison de la presse.

B *Lis les phrases de la partie a. Fais bien attention à la liaison.*
(Lies die Sätze von Teil A. Achte gut auf die Bindung.)

42 ***Vire-langue*** *(Zungenbrecher)*
Mit dem folgenden Zungenbrecher kannst du gut den Unterschied zwischen dem stimmlosen „Schlangen-s" und dem stimmhaften „Bienen-s" üben.
Ecoute et répète.

Six chats et cinq chiens entrent dans un magasin.

En forme

10 être (G 4) (vor SB S. 35, Nr. 5)

A *Cherche les consonnes qui manquent. (Suche die fehlenden Konsonanten.)*

Nous

__	O	__	__	E	__

Je

__	U	I	__

On

E	__	__

Ils

__	O	__	__

Vous

Ê	__	E	__

Tu

E	__

B *Bringe die Wörter in die richtige Reihenfolge und ergänze die passende Form von «être».*

1. avec / dans / rue / la / Malabar. / Léo ____________________
2. là! / Ah, / tu ____________________
3. et / Pierre / Paul / l'école. / à ____________________
____
4. Toi / ici. / moi, / nous / et ____________________
5. frère / Vous / sœur? / et ____________________
6. sœur / la / Jérôme. / de / Je ____________________

En forme

11 Les verbes en *-er* (G 5) (nach SB S. 36, Nr. 6)

→ En plus, Nr. 2 △

43 **A** *Complète les formes du verbe* ***«regarder»****. (Ergänze die Formen des Verbs* ***regarder****.)*
Höre die Sätze an und sprich sie rhythmisch nach. Was fällt dir auf?

Je regard________ Lucie.
Tu regard________ Marie.
Il regard________ Louise.
Elle regard________ Elise.
Nous regardons Clément.
Vous regardez Nathan.
Ils regard________ Sarah.
Elles regard________ Thomas.

B *In diesem Text fehlen manche* [Personalpronomen] *und manche* Verben. *Complète le texte.*

1. – Léo et Marie parlent ______ avec Mme Latière? – Oui, et [ils] parlent ______ aussi avec Alex. **2.** – Tu ______ ici, Alex? – Non, [ ] ______ rue Nollet.

3. Et vous, vous ______ où? – [ ] ______ rue Truffaut. **4.** – Qu'est-ce que [ ] ______ – On ______ Mélimélo.

5. Et voilà Mme Latière. [ ] ______ un carton. Mme Latière: «Où est l'affiche?»

6. Mme Latière et Alex ______ l'affiche.

[ ] ______ l'affiche dans le carton … avec Mélimélo, le chat.

7. Mme Latière: «Ah, non! Un chat dans le carton!

Je ______ ça.»

parler
habiter
habiter
chercher
porter
chercher
trouver
détester

Ecrire 12 Poser des questions (Fragen stellen) (G 6) (nach SB S. 36, Nr. 9)

Léo chattet im Internet.
Complète les questions. Pense à la ponctuation. Puis lisez le dialogue à deux.
(Ergänze die Fragen. Verwende Fragewörter und denk an die Satzzeichen. Lest dann den Dialog zu zweit.)

1. Tu t'appelles comment? – Je m'appelle Léo.

2. ______ – J'habite rue Truffaut.

3. ______ – J'aime le sport. Et j'aime bien Marie.

4. Marie? ______ – C'est une copine. Elle est sympa.

5. ______ – Elle est à la maison.

6. ______ Marie? – Elle travaille pour l'école. Avec Moustique!

7. Et ______ Moustique? – C'est le «toutou» de Marie.

8. «Le toutou»? ______ – C'est le chien. Moustique est le chien de Marie!

Pratique: tâches

Lire

13 Quel programme! (nach SB S. 37, Nr. 1)

→ En plus, Nr. 4 △

Was für ein Programm! Du verbringst drei Wochen mit deiner Austauschpartnerin/deinem Austauschpartner in einem Stadtviertel von Paris. Ihr möchtet einen „Schnupperkurs" machen. Welcher interessiert euch?

Lis les annonces et écris la bonne réponse.

Situation A:
Ihr interessiert euch für Kampfsportarten.
Wo geht ihr hin?

→ Anzeige-Nr. ____

Situation B:
Ihr interessiert euch für klassische Musik.
Wo geht ihr hin?

→ Anzeige-Nr. ____

Situation C:
Ihr interessiert euch für Breakdance. Wo geht ihr hin?

→ Anzeige-Nr. ____

Situation D:
Ihr interessiert euch für Kunst.
Wo geht ihr hin?

→ Anzeige-Nr. ____

sport · musique · culture

1 **CENTRE NATIONAL DE THEATRE (CNT)**
Vous aimez le théâtre de rue? Vous aimez les projets culturels?
Infos: www.cent.asso.fr 2.

2 **ACADEMIE DU 17ᵉ** Regardez notre programme! Nous proposons des cours de claquettes, valse, hip-hop, pop, danse classique et moderne.
Téléphonez au: 01 48 85 73 81

3 **ASSOCIATION POUR LES ARTS MARTIAUX**
Vous êtes sportifs? Cours de judo, self défense, taekwondo, etc.
Envoyez un mail à:
agamclub@wanadoo.fr

4 **CERCLE SPORTIF DE GYMNASTIQUE** musculation et gymnastique dynamique, yoga.
10 cours au choix. Regardez notre site: www.gym.fr

5 **GALERIE «ART ET DESIGN»**
Regardez notre galerie: vernissages, expositions, sculptures, peintures, activités artistiques.
Tel: 01 49 27 30 26

6 **CONSERVATOIRE DE MUSIQUE**
Groupe choral, orchestre, jazz, etc.
Instruments: piano, clarinette, flûte, guitare, saxophone, trompette, violon, orgue.
E-mail: cdmparis17@libertysurf.fr

STRATEGIE

Das fandest du leicht? Prima! Wenn du ein ganz bestimmtes Leseziel hast, brauchst du nur die Schlüsselinformationen zu finden. Da stören die vielen unbekannten Wörter überhaupt nicht.

Parler

14 Ni oui ni non! (Weder ja noch nein!) (nach SB S. 37, Nr. 2)

Jouez à deux. *(Spielt zu zweit.)*
Du triffst in Frankreich ein Mädchen/einen Jungen. Ihr begrüßt euch.
Du willst so viel wie möglich über sie/ihn herausfinden, deshalb stellst du ganz viele Fragen. Aber es soll ein Spiel sein:
Das Mädchen/Der Junge darf in diesem Spiel in den Antworten weder Oui noch Non verwenden.
Du versuchst natürlich, sie/ihn „aufs Glatteis" zu führen.
Wie schnell gelingt dir das? Wenn du es geschafft hast, verabschiedet ihr euch.
Wechselt dann die Rollen.

Qu'est-ce que tu aimes?

Bonjour!

Tu habites à Nice?

Salut!

Tu t'appelles comment?

Ça va?

Tu es l'ami de Moustique?

Au revoir!

Tu détestes la musique?

Tu aimes le foot?

et écrire

15 Moi (nach SB S. 38, Nr. 3)

A *Léa hat in ihrer Schule einen Aushang gemacht.*
Lis le texte. *(Lies den Text.)*

PORTFOLIO

B *Maintenant, écris un texte sur toi.*
(Schreibe nun einen Text über dich.)
Übertrage ihn in schöner Schrift auf ein DIN-A4-Blatt.
Füge Fotos von dir, deiner Familie, deiner Schule, deiner Stadt hinzu und hefte das Blatt in deinem Portfolio-Ordner ab.)

Salut!
Je m'appelle Léa.
J'habite à Marseille, rue Pasteur.

☺ J'aime l'école, le foot et le rock.
☹ Mais attention: je déteste le rap.

(lea@laposte.fr)

Ecouter regarder

16 Qui est-ce? (nach SB S. 38, Nr. 4)

→ En plus, Nr. 5 △

44 *Du kennst eine Internetseite, auf der sich junge Franzosen in einem Video vorstellen. Du suchst jemanden, der sich für Fahrradfahren begeistert. Nur das interessiert dich zunächst.*

A *Ecoute les documents. (Höre die Tondokumente an.)*

In welchem Tondokument spricht jemand über das Fahrradfahren?

Document 1 ☐ **Document 2** ☐

Document 3 ☐ **Document 4** ☐

TIPP

Auch das war nicht schwer. Wenn du etwas Bestimmtes heraushören willst, brauchst du dich nur hierauf zu konzentrieren.

B *Aber du hast sicher noch mehr verstanden:* ***Lis les informations.*** *(Lies die Informationen.)*

Fanny
Lorient
Elle aime le rap et la musique classique

Darissa
Lorient
Elle aime le foot et déteste la musique classique

Rémi
Paris
Il aime le foot et le rugby

Chadi
Paris
Il aime la musique pop et déteste le rugby

Ecoute les documents encore une fois et note qui parle.
(Höre dir die Tondokumente noch einmal an und notiere, wer spricht.)

Qui est-ce?

Document 1 ______________________ Document 3 ______________________

Document 2 ______________________ Document 4 ______________________

Die Lösungen findest du auf S. 98.

Bilan

1 Parler et écrire (nach SB S. 39, Nr. 1)

→ En plus, Nr. 1 △

Ich kann sagen, wie ich heiße, wo ich wohne, was ich mag und was ich nicht mag.

Üben interaktiv z2z82e

Du triffst ein Mädchen und fragst, wie es heißt. ______

Sie sagt, dass sie Fatou heißt. ______

Du fragst sie, wo sie wohnt. ______

Sie antwortet, dass sie in Lyon wohnt. ______

Du fragst sie, ob sie Rockmusik mag. ______

Sie antwortet, dass sie Rockmusik hasst. ______

2 Lire, écouter et regarder (nach SB S. 39, Nr. 2)

→ En plus, Nr. 4 △, 5 △

Ich kann beim Lesen und Hören ganz bestimmte Informationen herausfinden.
Hier jeweils zwei Dokumente zum Lesen und Hören.

Wer interessiert sich für Kino?

45 Name der Person: ______

Wohin könnt ihr gehen, um dieses Hobby auszuüben?

Name der Straße: ______

Welcher Klub bietet Schauspielunterricht an?

Name des Klubs: ______

INTERCLUB
32 rue Brunel
75017 Paris
Visites, organisation de camps d'adolescents à la Clusaz, club photo, club cinéma.

LES BATIGNOLLES DE L'AURORE
4 rue Lebouteux, 75017 Paris
www.lescomediens.org
Expression artistique par la création théâtrale.
Cours de théâtre le samedi après-midi.

Üben interaktiv 6q6w83

Du kannst auf deiner Übungssoftware die zwei Vorstellungen auch als Video anschauen.

3 En forme (nach SB S. 40, Nr. 5)

→ En plus, Nr. 2 △, 3 △, 6 △, 7 △

A Ich kann den unbestimmten Artikel ***le, l', la*** verwenden.

______ chat **Mélimélo** entre dans ______ maison de la presse. Il cherche Moustique, ______ ami de Malabar.

Üben interaktiv h59jd7

B Ich kann das Verb ***être*** und die Personalpronomen verwenden.

1. – Vous ______ de Bonn? **2.** – Non, nous ______ de Berlin. **3.** – Et là, qui ______ -ce?

4. – Isabelle et Florian. ______ ______ super! **5.** – ______ suis le copain de Florian.

C Ich kann die Verben auf ***-er*** verwenden. Ergänze die fehlenden Personalpronomen und Endungen.

1. – Tu habit______ à Nice? – Oui, ______ habit______ à Nice. **2.** – Marie et Fanny travaill______? – Non, ______ regard______ une BD. **3.** – ______ entrez?

– Oui, nous entr______. On arriv______.

Die Lösungen findest du auf S. 99.

En plus: différenciation

Stratégie

1 Ecrire à l'aveugle (Blindes Schreiben)

△ *Mit der Technik des „Blinden Schreibens" kannst du die richtige Schreibung trainieren. Du schaust dir ein Wort genau an, schließt die Augen und schreibst es bei geschlossenen Augen mit deinem Zeigefinger auf eine Fläche. Wenn du nicht mehr weiter kommst, kannst du kurz die Augen wieder öffnen und das Wort noch einmal anschauen, bevor du mit geschlossenen Augen weiterschreibst.*

Schreibe auf diese Art und Weise folgende Wörter auf einen Tisch. Schaffe dir zunächst Platz, damit du große Bewegungen machen kannst. Achte dabei besonders auf die Akzente ***(é, è, ê)****, den Apostroph* ***(d')****, die Cédille* ***(ç)*** *und das „verschlungene* ***œ****".*

garçon — Ça va. — où — une école — être — je m'appelle — voilà — je déteste — d'accord — le frère — la sœur — Qu'est-ce que c'est?

En forme

2 Verbes et pronoms

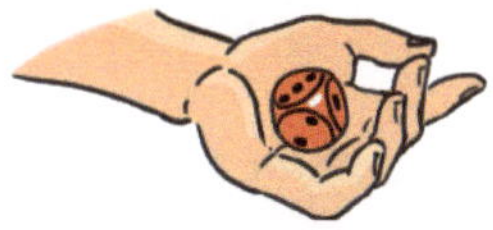

△ *Jeu de dés.* ***Travaillez à deux.*** *(Würfelspiel. Spielt zu zweit.)*
Für das Spiel benötigt ihr einen Würfel: 1 = je, 2 = tu, 3 = il / elle / on, 4 = nous, 5 = vous, 6 = ils / elles.
A schlägt ein Verb aus der Reihe unten vor. B würfelt und sagt die entsprechende Verbform; dann wechselt ihr die Rollen. Schreibt jede Form mit Pronomen auf ein Blatt. Kontrolliert euch mit dem Lehrbuch S. 38 oder mit dem Grammatischen Beiheft S. 8 und 10. (Ihr könnt die Übung auch allein durchführen.)

travailler — aimer — arriver — écouter — trouver — détester — entrer — habiter — parler — être — porter

Les mots les lettres

3 Apostrophe, oui ou non?

△ **1.** Je suis **d**______ Paris. **2.** Attention! **J**______ arrive! **3.** **J**______ regarde une BD.

4. Julie est à **l**______ école avec moi. **5.** Tu es **d**______ ici? **6.** C'est **l**______ maison de Léo.

7. **J**______ habite à Nice. **8.** Qu'est-**c**______ que c'est?

Lire

4 Voilà Tobi.

△ *Du hast Tobi gefunden.*

1. Wo kannst du Tobi abgeben?

____

2. Wem gehört Tobi?

____

3. Wie heißt die Tierschutzorganisation?

____

4. Wie heißt das Wort „Belohnung" auf Französisch?

____

OÙ EST TOBI ?

Téléphoner à Amélie :
06 10 12 07 08
ou
porter TOBI
à la S.P.A.
10 rue Berthier, 75017 Paris

Récompense : 150 € MERCI !

En plus

Ecouter

5 Où est Tobi?

Die Katze Tobi ist weg. Alex telefoniert mit Marie.
Sie erfährt die Telefonnummer der S.P.A.
Ecoute le dialogue et complète le numéro de téléphone de la S.P.A.
(Höre den Dialog an und ergänze die Telefonnummer der S.P.A.)

46

Le numéro de téléphone, c'est le 01 _____ 05 _____ _____.

Les mots et les lettres

6 Qu'est-ce qui manque? (Was fehlt?)

A *In welchen Wörtern hört man den letzten Buchstaben nicht?*
Souligne ces lettres. *(Unterstreiche diese Buchstaben.)*

français	avec	rue	copine	école	journal
cahier	gomme	sport	vite	frère	aussi

B *Welcher Buchstabe fehlt bei den folgenden Wörtern?* ***Ecris cette lettre.*** *(Schreibe diesen Buchstaben.)*

dan____	fill____	alor____	commen____	bizarr____	maiso____
monsieu____	madam____	d'accor____	cha____	il es____	classiqu____

Jeu de mots

7 Trouve les phrases. (Finde die Sätze.)

Trouve les phrases et écris-les dans ton cahier. (Finde die Sätze und schreibe sie in dein Heft.)

1. la – Léo – rue – dans – est – avec – Marie et Moustique.

2. le – chat – dans – entre – magasin de Mme Latière. – Un

3. ami – est – de – Malou, – C' – l' – Malabar.

4. amie. – une – cherche – BD – Marie – pour – une

5. détestes, – est-ce que – tu – Léo? – Qu'

THEATRE

8 Nous faisons du théâtre.

Schreibt Szenen für kleine Theaterstücke,
die ihr im Laufe des Jahres öffentlich aufführt.
Ihr könnt den Inhalt frei erfinden.
Vielleicht gefällt euch aber auch die folgende Idee:

Mehr dazu w4d5e6

Lisa hat sich auf dem Weg vom Einkaufen nach Hause verlaufen. Sie wohnt in der Rue Truffaut. Sie fragt mehrere Passanten, wo die Rue Truffaut ist. Aber keiner beachtet sie. Alle sind beschäftigt. Da sieht sie den Zeitungsladen von Mme Latière. Sie tritt ein. Es gibt mehrere Kunden, Mme Latière hat keine Zeit. Dann aber lernt Lisa im Laden Alex, Jérôme, Marie und Moustique kennen. Schließlich nimmt Marie Lisa mit zur Rue Truffaut.

RTFOLIO

Das kann ich schon! (nach Unités 1 – 2)

Selbsteinschätzung: *Hier kannst du feststellen, wie fit du bist. Kreuze an, wie deine Ampel steht (linke Ampel). Wenn du unsicher bist, wiederhole die Übungen, die in der rechten Spalte angegeben sind.*

Partnereinschätzung: *Ihr könnt euch auch gegenseitig einschätzen (rechte Ampel).*

Selbsteinschätzung vom: ________ *Datum*   Partnereinschätzung vom: ________ *Datum*

Sich auf Französisch verständigen	Selbst	Übungen	Partner
Ich kann jemanden begrüßen, fragen, wie es geht und mich verabschieden.	● ● ●	SB S. 23, Nr. 7 CdA S. 14, Nr. 14	● ● ●
Ich kann sagen, wie ich heiße und wo ich wohne. Ich kann fragen, wie jemand heißt und wo jemand wohnt.	● ● ●	SB S. 20, Nr. 4 CdA S. 28, Nr. 2	● ● ●
Ich kann sagen, welchen Sport und welche Musik ich mag bzw. nicht mag und ich kann einen anderen danach fragen.	● ● ●	SB S. 35, Nr. 8	● ● ●
Ich kann verstehen, worum es geht, wenn ich eine Szene höre oder sehe.	● ● ●	SB S. 24, Nr. 1 CdA S. 16, Nr. 3	● ● ●
Manchmal möchte ich nur etwas Bestimmtes erfahren, wenn ich eine Szene höre, sehe oder einen Text lese. Das kann ich herausfinden.	● ● ●	SB S. 36, Nr. 8 CdA S. 27, Nr. 16	● ● ●
Ich kann verstehen, worum es geht, wenn ich eine französische Beschriftung lese, z. B. auf einem Hinweisschild oder an einem Laden.	● ● ●	SB S. 25, Nr. 3 CdA S. 15, Nr. 15 A	● ● ●
Ich kann einen einfachen Text über mich selbst schreiben.	● ● ●	CdA S. 27, Nr. 15	● ● ●
Médiation: Ich kann einfache französische Informationen auf Deutsch wiedergeben.	● ● ●	SB S. 37, Nr. 2 CdA S. 15, Nr. 15 B	● ● ●
Hier und dort			
Ich weiß, wer sich in Frankreich mit der „bise" begrüßt.	● ● ●	CdA S. 8, Nr. 2	● ● ●
Ich kenne einige (mindestens drei) französische Städte und weiß, wo sie liegen.	● ● ●	CdA S. 19, Nr. 2	● ● ●
Ich kann zwei bis drei Dinge benennen, die eine französische Straße / Wohngegend von einer deutschen unterscheiden.	● ● ●	SB S. 16 SB S. 28	● ● ●
Gewusst, wie …			
Ich kann fragen und sagen, wie etwas auf Französisch heißt.	● ● ●	SB S. 30, Nr. 1	● ● ●
Ich kann auch unbekannte französische Wörter verstehen, wenn es im Deutschen oder in anderen mir bekannten Sprachen ähnliche Wörter gibt.	● ● ●	CdA S. 26, Nr. 13	● ● ●
Ich kenne mich in meinem Französischbuch gut aus. Ich weiß z. B., wo ich nachschlage, wenn ich vergessen habe, was ein Wort bedeutet.	● ● ●	SB S. 14, Nr. 2	● ● ●

Margin: Parler / Ecouter / Ecrire / Lire / Médiation; Vis-à-vis; Stratégie

Schau dir die Liste noch einmal an: Wähle die Einträge aus, bei denen du die grüne Ampel angekreuzt hast. Übertrage sie auf das Poster am Ende des „Cahier".

Révisions (nach Unités 1–2)

Jeu de sons

1 Cherche l'intrus. (Suche den Eindringling.)

Welches Wort enthält nicht den angegebenen Laut? ***Barre ce mot.*** *(Streiche dieses Wort durch.)*

[s]	[z]	[ɛ̃]	[ɔ̃]	[ɑ̃]
vacances	musique	comment	carton	français
six	alors	sympa	grand-mère	chanson
zut	Toulouse	copain	crayon	devant
classique	bizarre	magasin	maison	regardons

Jeu de mots

2 Qui est qui?

Décris qui est qui. *(Beschreibe, wer wer ist.)*

1.  Moustique, c'est le chien de Marie.
2. Malabar, c'est ______________________ de Malou. 
3.  Mme Latière, c'est ______________________ d'Alex.
4. M. Chabane, c'est ______________________ Marie Chabane. 
5.  Alex, c'est ______________________
6. Jérôme, c'est ______________________ 
7.  Marie, c'est ______________________

En forme

3 L'allemand et le français

Ecris en français. Attention à la forme «sie / Sie»! *(Schreibe auf Französisch. Achtung bei „sie / Sie"!)*

1. Malou ist eine Katze. Sie ist toll.

____

2. – Wo sind Jérôme und Léo? – Sie sind hier.

____

3. – Und Marie und Alexandra? – Sie sind auf der Straße.

____

4. Wohnen Sie in Paris, Mme Latière?

____

On prépare le DELF (nach Unités 1–2)

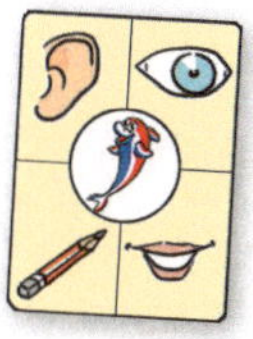

Mit dem DELF-Zeugnis hast du eine Trumpfkarte in der Hand!
Mit den folgenden Übungen kannst du trainieren.

Mini-DELF-Prüfung

1 Compréhension de l'oral

51 *Du hörst das Tondokument zwei Mal an.*
Nach dem ersten Hören hast du 30 Sekunden Zeit, um die Antworten anzukreuzen, nach dem zweiten Hören 30 Sekunden, um deine Antworten zu überprüfen.

Lies nun die Fragen. Höre danach das Dokument an und beantworte die Fragen.
(Maintenant, lis les questions. Puis écoute le document et réponds aux questions.)

1. Qui parle? ☐ Mélanie ☐ Marie ☐ Louise

2. Elle est ☐ à l'école. ☐ au parc. ☐ à la maison de la presse.

3. Le rendez-vous est ☐ devant le restaurant. ☐ devant la maison de Louise. ☐ devant le kiosque.

Aufgabe 1	
mögl. Punkte	deine Punkte
1	
1	
1	
3 *Summe*	

2 Compréhension des écrits

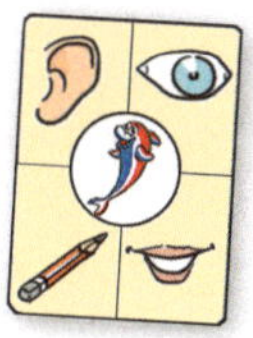

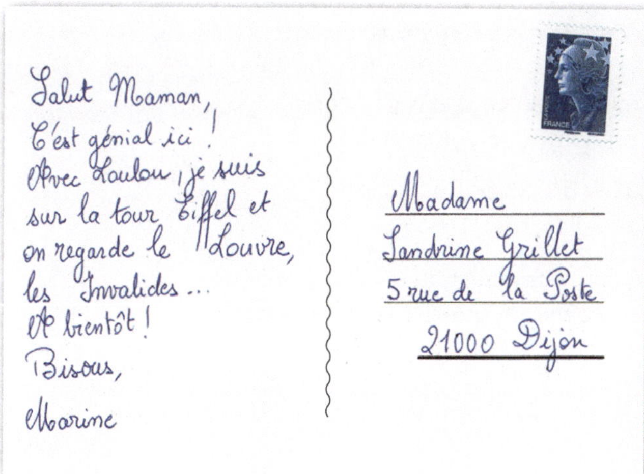
Salut Maman,
C'est génial ici!
Avec Loulou, je suis
sur la tour Eiffel et
on regarde le Louvre,
les Invalides...
A bientôt!
Bisous,
Marine

Madame
Sandrine Grillet
5 rue de la Poste
21000 Dijon

Réponds aux questions.

1. La carte postale est pour ☐ la mère de Marine. ☐ le père de Marine. ☐ la copine de Marine.

2. Marine est de ☐ Paris. ☐ Cannes. ☐ Dijon.

3. Marine est à ☐ Cannes. ☐ Paris. ☐ Dijon.

Aufgabe 2	
mögl. Punkte	deine Punkte
1	
1	
1	
3 *Summe*	

3 Production écrite

Du kommst in Paris in einer Jugendherberge an und musst dich anmelden.
Fülle die Karteikarte aus. (Remplis la fiche.)

Nom, prénom: ______________________________

Date de naissance: ______________________________

Adresse: ______________________________

____

Numéro de téléphone: ______________________________

E-mail: ______________________________

Paris, le ______________ **Signature** ______________

Aufgabe 3	
mögl. Punkte	deine Punkte
0,5	
0,5	
0,5	
0,5	
0,5	
0,5	
3 *Summe*	

4 Production orale

Du stellst dich vor – ca. 1/2 Minute. (Tu te présentes – 1/2 minute environ.)
Deine Partnerin / Dein Partner vergibt die Punkte.

1. Wie heißt du mit Vornamen und Nachnamen?
   (Quel est ton prénom? Quel est ton nom?)
2. Wo wohnst du? → Ort, Straße
   (Tu habites où? → lieu, rue)
3. Was magst du und was magst du überhaupt nicht?
   (Qu'est-ce que tu aimes et qu'est-ce que tu détestes?)

Aufgabe 4	
mögl. Punkte	deine Punkte
1	
1	
1	
3 *Summe*	
12	
Gesamtsumme	

Auswertung:

Frage dich!

1. Habe ich bei jedem der vier Aufgabenteile wenigstens einen Punkt erreicht?
   ☐ Ja ☐ Nein
2. Habe ich insgesamt 6 oder mehr als 6 Punkte?
   ☐ Ja ☐ Nein

Zwei Mal „Ja"? Prima! Du hast diese Mini-DELF-Prüfung bestanden.

Unité 3

Bon anniversaire, Léo!

Découvertes

Ecrire

1 Bon anniversaire! (nach SB S. 44)

Voilà deux courriels d'anniversaire.
(Hier sind zwei Geburtstags-E-Mails.)

De: a.guibert@orange.fr
À: leo.pirou@free.fr
Objet: 13 ans

Bonjour Léo,
Joyeux anniversaire!

Bises,
Alex

De: Jeromegui@club-internet.fr
À: leo.pirou@free.fr
Objet: Anniversaire

Salut Léo,
Bon anniversaire!

A bientôt,
Jérôme

Ecris un courriel d'anniversaire à une copine française / un copain français.
(Schreibe eine Geburtstags-E-Mail an eine französische Freundin / einen französischen Freund.)
Den Namen und die E-Mail-Adressen darfst du erfinden.

De:
À:
Subjet:

Vis-à-vis

@ heißt auf Französisch **arobase** [aʀɔbaz].
„Punkt" heißt **(le) point** [pwɛ̃] und „Bindestrich" **(le) tiret** [tiʀɛ].

PORTFOLIO

Ihr könnt auch eine echte Geburtstags-E-Mail auf Französisch schreiben.
Druckt eure E-Mails aus und hängt sie im Klassenzimmer auf. Ihr könnt sie eurem Portfolio hinzufügen.

Parler

2 Les prépositions (nach SB S. 44)

C'est l'anniversaire de Lucie …

1. Où est Lucie?
2. Où est le gâteau?
3. Où est le paquet avec l'ordinateur?
4. Où est le paquet avec le vélo?
5. Où est le paquet avec le livre?
6. Où est le paquet avec le ballon de rugby?

Où est …

Posez d'autres questions et donnez les réponses. (Stellt weitere Fragen und beantwortet sie.)

Atelier A

Vis-à-vis

3 Un anniversaire (nach SB S. 44)

Wo finden die Geburtstagspartys statt? In Frankreich oder in Österreich? Warum?

Un anniversaire en France, c'est … la famille, des copains et des copines, des bougies, des chansons, des cadeaux, un gâteau et, bien sûr, des bises.

> **Vis-à-vis**
> In Frankreich feiert man seinen Geburtstag meistens im Familienkreis.

Décris ton anniversaire. (Beschreibe deinen Geburtstag.)

Mon anniversaire, c'est ______________________________

____

____

____

A propos du texte

4 A propos du texte (nach SB S. 47, Nr. 3)

Mme Pirou parle avec M. Pirou. Que dit M. Pirou?
Complète le dialogue. *(Ergänze den Dialog.)*

> *Tu prépares un gâteau pour Léo?*
> *C'est dommage!*
> ______________
> *En allemand, on dit «Bis bald!»*

Mme Pirou: Allô, Marc? Tu es où?

M. Pirou: ______________________________

Mme Pirou: Tu viens demain?

M. Pirou: Non, je travaille. ______________________________

Mme Pirou: Alors, viens vite.

M. Pirou: Bien sûr. ______________________________

Mme Pirou: Oui, pour Léo, et pour Marie, Alex, Mehdi et Jérome.

M. Pirou: C'est super! Alors, à bientôt! ______________________________

Mme Pirou: Bis bald!

de sons

5 Les mots et les lettres [e] (nach SB S. 48, Nr. 5)

64 **A** *Ecoute les mots et souligne les lettres qui correspondent au [e]. Ecris ces lettres dans les cases.*
(Höre die Wörter an und unterstreiche die Buchstaben, die dem [e] entsprechen. Schreibe diese Buchstaben in die Kästchen.)

une idée	é · e · ☐		
des trains	☐ ☐ ☐		
trouver	☐ ☐ ☐		
deux idées	☐ ☐ ☐		
Léo	☐ ☐ ☐		
vous trouvez	☐ ☐ ☐		
un cahier	☐ ☐ ☐		
Alex et Marie	☐ ☐ ☐		

*Wie spricht man wohl das Wort **papier** aus? Und kannst du dir denken, was es bedeutet?*

B *Complète avec les bonnes lettres. (Ergänze mit den richtigen Buchstaben.)*

er · ez · es · és · et · é

1. un papi <u>er</u>
2. le v _____ lo
3. vous parl _____
4. arriv _____
5. Mehdi _____ Marie
6. deux caf _____
7. l _____ chiens

Den Laut **[e]**, nennt man „geschlossenes -e“.
Mache den Mund schmal und breit.
Lerne den folgenden Reim auswendig.
Wenn du **[e]** hörst, klatsche in die Hände.

Un café
pour Zoé?
Bonne idée,
dit Chloé.

en forme

6 des / les (G 7, 8, 9) (nach SB S. 48, Nr. 6)

→ En plus, Nr. 3 △

Jérôme est en vacances en Allemagne.
Dans un magasin, il cherche des cadeaux.

Exemple: Il y a <u>des livres</u>. <u>Les livres</u> d'allemand sont pour Léo.

1. Il y a _______________. _______________ de sport sont aussi pour Léo.
2. Il y a _______________. _______________ "La coste" sont pour Marie.
3. Il y a _______________. _______________ d'Asterix sont pour Clara.
4. Il y a _______________. _______________ "Klett" sont pour Gabriel.
5. Il y a _______________. _______________, elles sont pour grand-mère.
6. Il y a _______________. _______________ sont aussi pour grand-mère.

! 7. Grand-mère aime _________ gommes et _________ stylos.

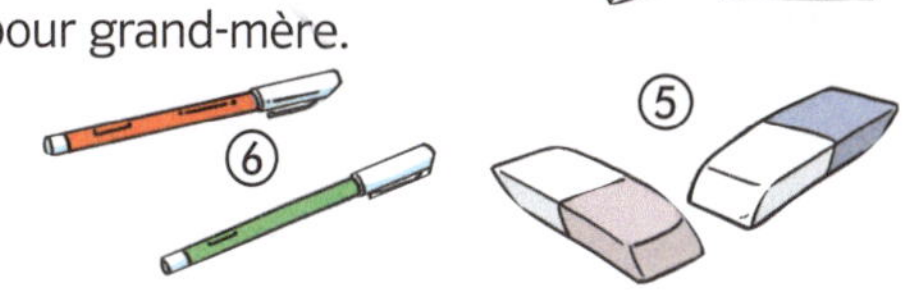

En forme

7 mon, ton, ma, ta, mes, tes (G10) (nach SB S. 49, Nr. 8)

Simone aus Stuttgart hat Marie über das Internet kennen gelernt. Sie chatten miteinander.
Complète le texte avec «mon, ton, ma, ta, mes, tes».

1. *Simone:* Tu aimes bien tes frères et sœurs?
2. *Marie:* Oui, j'aime bien ________ sœur Clara et ________ frère Gabriel.
3. *Simone:* Et ________ amis sont comment?
4. *Marie:* ________ ami Léo et ________ amie Alexandra sont super.
5. *Simone:* Et tu aimes ________ école aussi?
6. *Marie:* Oui, j'aime ________ école. Et toi, qu'est-ce que tu aimes?
7. *Simone:* Moi, j'aime la musique. ________ musique, c'est le rock.
8. *Marie:* ________ anniversaire, c'est quand?
9. *Simone:* ________ anniversaire, c'est demain. J'ai un gâteau pour ________ copains.

Alors, maintenant, je range ________ chambre. *Marie:* Oh, c'est demain? Joyeux anniversaire!

Jeu de mots

8 La famille (nach SB S. 49, Nr. 8)

A *Complète le filet à mots. (Ergänze das Vokabelnetz.)*
Welche Wörter passen?

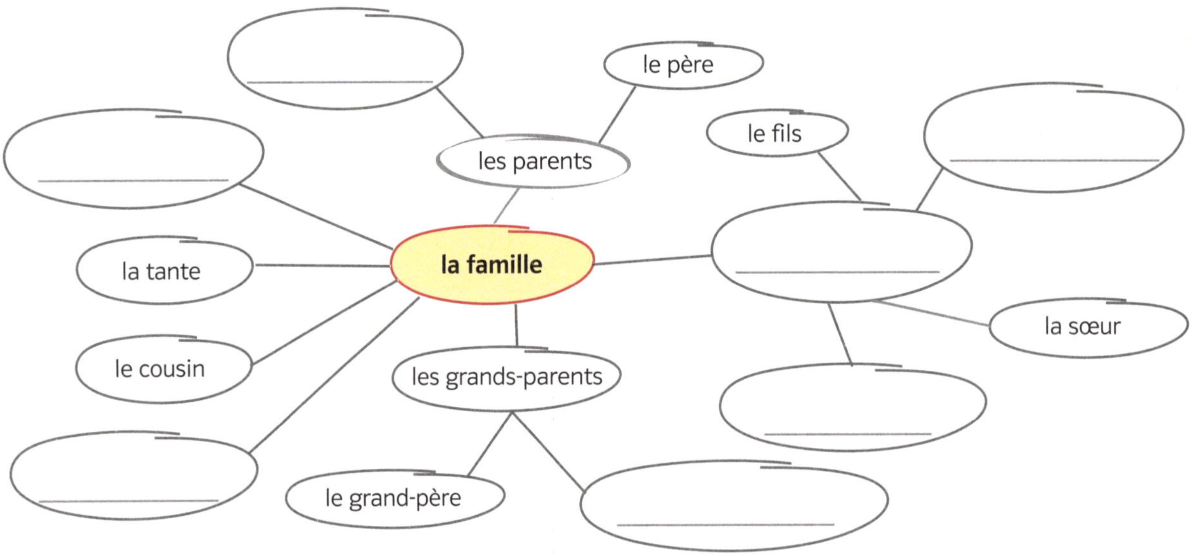

B Choisis 3 mots du filet à mots et écris une phrase avec chaque mot.
(Wähle 3 Wörter aus dem Vokabelnetz und schreibe mit jedem Wort einen Satz.)

Exemple: Avec mon frère, il y a toujours des histoires!

Atelier B

de sons

9 Les nombres (Die Zahlen) (nach SB S. 52, Nr. 3)

65 **A** *Léo se présente. Ecoute et note les chiffres.*
(Léo stellt sich vor. Höre zu und notiere die Ziffern.)

Léo Pirou:

________ ans anniversaire: ________ décembre

________ rue Truffaut

mère: ________ ans père: ________ ans

________ chien: ________ ans

65 **B** *Ecoute et note les numéros de téléphone.*
(Höre zu und notiere die Telefonnummern.)

1. Mon numéro de téléphone, c'est le 01 10________ 39 ________ 15.
2. Mon numéro de téléphone, c'est le ________ 18 ________ ________ 34.
3. Mon numéro de téléphone, c'est le ________ ________ 14 ________ ________.

en forme

10 avoir (G 11) (nach SB S. 53, Nr. 6)

A *Sépare les formes de «**avoir**» par un trait. Puis écris les formes à côté des pronoms.*
*(Trenne die Formen von **avoir** durch einen Strich. Schreibe dann die Formen neben die Pronomen.)*

avonsaiontasaveza

j' ai________	nous ________
tu ________	vous ________
il, elle, on ________	ils, elles

B *Complète le texte avec les formes de «**avoir**». (Ergänze den Text mit den Formen von **avoir**.)*

1. *Mehdi:* Jérôme et toi, vous ________ des grands-parents?
2. *Alex:* Oui, nous ________ une grand-mère.

C'est Mme Latière. Elle ________ un magasin dans la rue Nollet:

la maison de la presse. Grand-mère est fantastique!

Et toi, Mehdi, tu ________ des grands-parents?

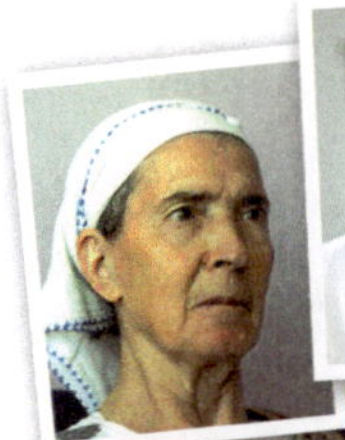

3. *Mehdi:* Oui. Moi, j'________ des grands-parents paternels[1].

J'aime mes grands-parents. Ils ________ une maison au Maroc[2]. C'est super!

1 paternel väterlicherseits **2 au Maroc** in Marokko

En forme

11 son, sa, ses (G 10) (nach SB S. 54, Nr. 8)

→ En plus, Nr. 4 △

A *Complète les deux textes avec «**son, sa, ses**». (Ergänze in den beiden Texten **son, sa, ses**.)*

1. Aujourd'hui, c'est l'anniversaire de **Mehdi**.
2. Il est dans __________ chambre avec __________ amis.
3. Ce sont des amis de __________ école.
4. Il y a aussi __________ frère Abdel et __________ sœur Karima.
5. Le cadeau de __________ amis, c'est un jeu vidéo.

1. Aujourd'hui, c'est l'anniversaire de **Marie**.
2. Elle est dans __________ chambre avec __________ amis.
3. Ce sont des amis de __________ école.
4. Il y a aussi __________ frère Gabriel et __________ sœur Clara.
5. Le cadeau de __________ amis, c'est un manga.

B *Joue au détective. (Spiele Sprachdetektiv.)*

Ergänze die Aussagen:

1. Im Französischen richtet sich der Possessivbegleiter nach dem ______________ nicht nach dem Besitzer.
2. Im Französischen heißt es: __________ **anniversaire**, egal ob es um Mehdi oder Marie geht.
2. Im Deutschen heißt es bei **Mehdi**: __________ **Geburtstag** und bei **Marie:** __________ **Geburtstag**.

Ecrire

12 Tu as quel âge? (nach SB S. 54, Nr. 9)

→ En plus, Nr. 1 △, 2 △, 5 △

Du chattest mit Pierre, Léos Cousin, im Internet.
***Complète les questions et les réponses.** (Ergänze die Fragen und Antworten.)*

1. *Toi:* Tu habites où? ______________________________
2. *Pierre:* ______________________________ Paris.
3. *Pierre:* Tu ______________________________ âge?
4. *Toi:* J'______________________________ ans.
5. *Toi:* ______________________________
6. *Pierre:* Mon anniversaire, c'est le 13 décembre.
7. *Toi:* ______________________________
8. *Pierre:* Oui, j'ai un frère et une sœur.

de mots

13 Les mois de l'année (nach SB S. 54)

A *Joue au détective. (Spiele Buchdetektiv.)*
Finde in deinem Lehrbuch die Seite, auf der alle Monatsnamen stehen. Es ist die Seite ___.
Ecris les mois à côté des saisons. *(Schreibe die Monate neben die Jahreszeiten.)*

B ***Tu aimes quel mois? Tu détestes quel mois?***
(Welchen Monat magst du? Welchen Monat hasst du?)

J'aime le mois de ______________________________

parce que ______________________________

Je déteste le mois de ______________________________

parce que ______________________________

STRATEGIE
Wenn du einzelne Buchstaben eines Wortes zeichnest, kannst du dir die Bedeutung dieses Wortes leichter merken.

Chanson

14 Mon beau sapin (nach SB S. 54)

67

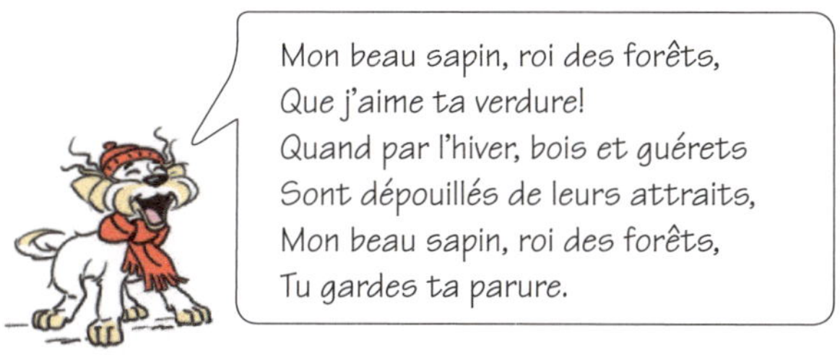

A **Vis-à-vis:** *Ecoute la chanson.*
Quel est son titre en allemand?
(Höre das Lied an. Wie heißt es auf Deutsch?)

____

B *Chantez la chanson ensemble.*
(Singt das Lied zusammen.)

Pratique: tâches

Médiation

15 Fais l'interprète. (Dolmetsche.) (nach SB S. 55, Nr. 2)

Lucie aus Frankreich trifft Niko, einen Jungen aus deiner Schule, der kein Französisch kann. Du hilfst ihnen beim Gespräch. Arbeitet zu dritt. Nur der Dolmetscher arbeitet ohne Heft. Wechselt nach einem Durchgang die Rollen.

STRATEGIE

Beim Dolmetschen musst du nicht immer wörtlich übersetzen, sondern sinngemäß wiedergeben, was gesagt wird.

Lucie

1. Moi, je m'appelle Lucie. Et toi?
4. J'habite à Brest.
5. Niko a quel âge?
8. Mon anniversaire, c'est le 24 octobre.
9. Niko a des frères et sœurs?
12. Salut, et à bientôt!

Niko

2. Sag ihr, dass ich Niko heiße.
3. Frag sie, wo sie wohnt.
6. Ich bin 12.
7. Wann hat Lucie Geburtstag?
10. Ja, ich habe zwei Schwestern.
11. Da kommen meine Freunde.

Tschüss, bis bald!

Lire

16 Une dispute (Ein Streit) (nach SB S. 56, Nr. 3)

→ En plus, Nr. 6△

Dix-neuf décembre: Léo invite ses copains Mehdi et Jérôme et ses copines Alex et Marie à son anniversaire. La fête commence à 14 heures. Les amis chantent une chanson pour Léo. Puis, ils ont faim et mangent un gâteau au chocolat. Hmm, c'est bon!
Puis, Léo a envie de regarder son jeu vidéo. Mais Marie et Alex préfèrent jouer au foot, et Jérôme et Mehdi préfèrent regarder la télé. Les cinq copains se disputent. C'est le chaos. La mère de Léo arrive et dit: «Quelle fête d'anniversaire! C'est une catastrophe! C'est impossible! D'abord, vous jouez au foot dans le parc. Puis, vous regardez le jeu vidéo. Et pour la télé, c'est NON!»

Zum Vorgehen: Unterstreiche oder markiere (mit Textmarker) in verschiedenen Farben im Text die Stellen, an denen die Antworten zu finden sind. Trage die entsprechende Zeilenzahl ein.

1. **Wann feiert Léo seinen Geburtstag?** (Antwort in Zeile 1.)

   ☐ 19. Dezember ☐ 14. Dezember ☐ 5. Dezember

2. **Was gibt es zu essen?** (Antwort in Zeile ____.)

   ☐ Schokoladenpudding ☐ Schokoladenkuchen ☐ Schokoladeneis

3. **Wer möchte fernsehen?** (Antwort in Zeile ______.)

   ☐ Jérôme und Mehdi ☐ Marie und Alex ☐ Jérôme und Léo

4. **Welche Lösung schlägt Frau Pirou vor?** (Antwort in Zeile ______.)

   ☐ in den Park gehen ☐ erst Fußball spielen, dann ein Videospiel machen ☐ nur fernsehen

STRATEGIE

Mit Unterstreichen oder Markieren im Text kann man die Antworten zu Fragen hervorheben. So kann man sich in einem Text besser zurechtfinden und leichter auf Fragen antworten.

Ecrire

17 Une carte d'anniversaire (nach SB S. 56, Nr. 3)

→ En plus Nr. 1 △, 2 △, 5 △

Ecris une carte d'anniversaire en ligne à ta copine française / ton copain français.
(Schreibe eine Internet-Geburtstagskarte an deine französische Freundin / deinen französischen Freund.)
Du kannst dich an den vorgeschlagenen Wendungen orientieren. Wähle einen Vornamen aus.

(Stadt), le (Datum), z. B. Cologne, le 5 juillet – Cher[1] + Jungenname, / Chère[2] + Mädchenname,
– Bon anniversaire / Joyeux anniversaire! – Maintenant, tu / avoir / 13 ans.
– Comment ça va? – Moi, ça va bien. – Je / travailler / pour l'école. – Bises, / A bientôt, / Salut,

De: xxxx@t-online.de à yyyyy@yahoo.fr
À:
Subjet:

Vis-à-vis

Beim Datum steht die Grundzahl (außer bei 1er).
Die Monatsnamen werden kleingeschrieben.

Ecouter
regarder

18 Que dit Amélie? (nach SB S. 56, Nr. 4)

→ En plus Nr. 6 △

STRATEGIE

Wenn du jemanden Französisch sprechen hörst, kannst du natürlich nicht gleich jedes Wort verstehen.
Es gibt aber ein paar Tricks:
- Manche Wörter kennst du aus dem Deutschen oder anderen Sprachen (z. B. „bonbon" oder „théâtre").
- Manchmal hilft der Zusammenhang (z. B. Was bedeutet wohl „faire" im Zusammenhang mit „théâtre"?).
- Manchmal kann man ein unbekanntes Wort von einem bekannten ableiten (z. B. „la chienne" von „le chien").

Bei einem Film helfen dir natürlich auch die Bilder.

68

Ecoute le document. Coche les bonnes réponses.
(Höre das Dokument. Kreuze die richtigen Antworten an.)

pen interaktiv 6dq7cx

Du kannst in der Übungssoftware das Dokument auch als Video anschauen.

1. Amélie Dupuy a	☐ 12 ans.	☐ 13 ans.	☐ 14 ans.
2. Amélie aime	☐ regarder la télé.	☐ regarder des BD.	☐ écouter des CD.
3. Amélie aime aussi	☐ le piano.	☐ le sport.	☐ le vélo.
4. Sa chienne s'appelle	☐ Lucie.	☐ Julie.	☐ Mélimélo.
5. Amélie aime faire	☐ du théâtre.	☐ du rugby.	☐ des gâteaux.

1 Cher Léo Lieber Léo **2 Chère Marie** Liebe Marie

Überprüfe, was du kannst!
geht so ← ● → klappt noch nicht
● → prima
Im Cahier darfst du die Ampel ankreuzen. Vergleiche deine Lösungen mit den Lösungen auf Seite 98.

Bilan

1 Parler et écrire (nach SB S. 57, Nr. 1)

→ En plus, Nr. 1 △, 2 △, 5 △

Ich kann sagen, wie alt jemand ist, wann er Geburtstag hat und ich kann seine Familie vorstellen.

Üben interaktiv a974sj

Complète le texte avec les mots donnés. (Ergänze den Text mit den vorgegebenen Wörtern.)

anniversaire ans famille frère mère père sœur a

Bonjour. Voilà Marie. Elle ________ treize ________. Son ______________________, c'est le 1er mars.

Sa ____________ s'appelle Clara. Elle a aussi un ____________: Gabriel. Son ____________ travaille pour

une radio. Sa ____________ travaille dans un hôpital. La ______________ Chabane habite 38 rue Truffaut.

2 Ecouter et regarder (nach SB S. 57, Nr. 2)

→ En plus, Nr. 6 △

Ich kann beim Hören und Sehen wichtige Einzelheiten herausfinden.

Ecoute la scène, puis coche les bonnes réponses.

69

1. Le garçon s'appelle ☐ John. ☐ Jean. ☐ Johann.
2. Il aime ☐ les CD. ☐ le cinéma. ☐ les livres.
3. Il déteste ☐ Paris. ☐ le sport. ☐ la techno.

Üben interaktiv h87n2j

Du kannst auf deiner Übungssoftware das Dokument auch als Video anschauen.

3 Lire (nach SB S. 57, Nr. 2)

→ En plus, Nr. 6 △

Ich kann beim Lesen wichtige Einzelheiten herausfinden.

Üben interaktiv 57s52z

Lis le texte, puis complète les phrases.
(Lies den Text, vervollständige dann die Sätze.)
Unterstreiche im Text die Informationen, die du suchst.

Aujourd'hui, c'est l'anniversaire de Marie. Ses amis sont dans sa chambre. Ils chantent: «Joyeux anniversaire!» Ils ont des cadeaux: trois livres, une BD d'Astérix et des CD. Le père de Marie arrive. Il dit: «J'ai encore un cadeau. Voilà … euh, mais … il est où, le cadeau?» Il cherche et cherche … «Ouf!» Il trouve le cadeau dans son journal: des tickets de cinéma.

1. Marie a des cadeaux de ses amis: des CD, une BD et ______________________________
2. M. Chabane cherche ______________________________

4 En forme (nach SB S. 58, Nr. 3)

→ En plus, Nr. 3 △, 4 △

A Ich kann den **bestimmten** und **unbestimmten Artikel** im **Plural** verwenden.

Üben interaktiv 7h6h9z

A la FNAC, il y a **1.** ________ livre__, **2.** ________ ordinateur__ et **3.** ________ jeu__ vidéo.

Léo aime **4.** ________ CD__ et **5.** ________ affiche__ de Superbus.

B Ich kann **Possessivbegleiter** verwenden.

1. Où sont m________ cadeaux: ________ bougie, ________ t-shirt et ________ affiche?
2. Sarah cherche s________ cadeaux: ________ t-shirt, ________ bougie et ________ affiche.
3. Voilà t________ cadeaux: ________ affiche, ________ bougie et ________ t-shirt.

En plus: différenciation

Les mots
les lettres

1 Chaîne de mots (Wörterkette)

où = wo ↔ ou = oder
Merke: Auf der Oder schwimmt kein Graf.

△ *Sépare les mots par un trait. Puis écris les phrases correctement.*
(Trenne die Wörter durch einen Strich. Schreibe dann die Sätze korrekt auf.)
Denke an die Groß- und Kleinschreibung, die Apostrophe (1x) und die Buchstaben mit Akzenten (8x).

– ALLO,PAPA,TUESOU?ENFRANCEOUENALLEMAGNE? ____________________

____

– JESUISACOLOGNE. ____________________

– TUESLADEMAIN? ____________________

– BIENSUR,DEMAIN,JESUISAPARIS. ____________________

– MAMANPREPAREUNGATEAU. ____________________

– CESTSUPER! ____________________

2 Le jeu des silhouettes

△ *Welche Frage versteckt sich hinter den Wort-Silhouetten?*
Schreibe die passenden Buchstaben in die Silhouetten.

Q _ , _ _ _ - _ _ _ _ , _ _ _ _ dans le carton?

En forme

3 Les articles *Complète les phrases. (Ergänze die Sätze.)*

△ 1. Léo range sa chambre. Il y a des ______ livres, ______ jeu vidéo, ______ crayons, ______ cahiers et ______ gomme.

2. Léo range ses affaires: ______ livres et ______ cahiers dans ______ carton ______ crayons, ______ gomme et ______ jeu vidéo devant ______ ordinateur.

les | la | des | des | une | l' | les | le | le | un | les

En forme

4 mon, ton, son, ma, ta, sa, mes, tes, ses *Complète les phrases.*

△ 1. – Voilà t on ______ vélo! – M ______ vélo? Non, c'est le vélo de Sarah. – Ah, c'est ______ vélo.

2. – Voilà t ______ t-shirts! – M ______ t-shirts? Non, ce sont les t-shirts de Marie.
– Ah, ce sont ______ t-shirts.

3. – Voilà t ______ bougie! M ______ bougie? Non, c'est la bougie de Jean. – Ah, c'est ______ bougie.

En plus

Jeu de mots

5 Petits mots importants (Kleine wichtige Wörter)

mais | puis | d'abord | d'accord | s'il te plaît | ensemble | demain

Complète le texte. (Ergänze den Text.) Schreibe erst mit Bleistift.

1. *Jérôme:* ____________________, c'est mon anniversaire. Tu prépares un gâteau pour moi, ____________________? **2.** *Alex:* ____________________. Mais on prépare le gâteau ____________________. **3.** *Jérôme:* Euh, … ____________________, je range ma chambre. Et ____________________ j'écoute mes CD. **4.** *Alex:* ____________________, c'est TON anniversaire!

Ecouter et lire

6 Trouve les différences

Ecoute et lis le document. Trouve les différences. Corrige le texte. (Höre und lies das Dokument. Finde die Unterschiede. Verbessere den Text.)

70

	différence	correction
1. – Bonjour, Antoine!	☒	Salut
2. – Salut, Seb! Qu'est-ce que tu fais?!	☐	______
3. – Ben, je cherche mon chien!	☐	______
4. – Tu cherches ton chien …	☐	______
5. – Oui!	☐	______
6. – Dans la corbeille?!	☐	______
7. – Aujourd'hui, c'est mon anniversaire et mon cadeau est peut-être ici. Mais où?!!	☐	______
8. – Tu es curieux, toi!	☐	______
9. – Ben … oui!	☐	______
10. – Moi aussi, je suis curieux. On range ensemble?	☐	______
11. – D'accord!	☐	______

THEATRE

7 Nous faisons du théâtre.

Schreibt Szenen für kleine Theaterstücke, die ihr im Laufe des Jahres vor Publikum aufführt. Ihr könnt den Inhalt frei erfinden. Vielleicht gefällt euch aber auch die folgende Idee:

Mehr dazu cp28s4

Lisa wird heute 11 Jahre alt. Sie ist wütend, denn den Hund, den sie sich von ihren Eltern gewünscht hat, bekommt sie nicht. Hundehaltung ist in ihrem Wohnhaus verboten. Die Nachbarin schenkt ihr stattdessen einen rosa Plüschhund, doch den findet Lisa scheußlich. Sie geht zu Alex. Als Überraschung bereiten die neuen Freunde für Lisa ein Fest bei Alex und Jérôme zu Hause vor. Mehdi und Léo bringen einen Kuchen mit. Als Lisa kommt, ist die Überraschung perfekt. Alle gratulieren ihr. Alex, Marie und Jérôme wissen, dass Lisa sich einen Hund gewünscht hat. Sie schenken ihr ein Buch über Hundehaltung. Lisa zeigt ihnen den „Hund", den sie bekommen hat.

Unité 4
Au collège Balzac

Découvertes

Vis-à-vis **1** **Mais qui est Honoré de Balzac?** (nach SB S. 60)

Nom: Honoré de Balzac
Profession: Ecrivain
Né le 20 mai 1799 à Tours
Mort le 28 août 1850 à Paris
Nombre de romans: 91
Titres de ses principaux romans: La comédie humaine, La peau de chagrin, Le Père Goriot, Les Chouans ...

Médiation: *Du bist in Frankreich. Schreibe deinen Eltern, was du über Maries Schule weißt.*

Marie geht in eine Schule, die nach einem ________________________ benannt ist:

________________________. Er ist __________ in Tours geboren und __________ in __________

gestorben. Er hat ________ Romane geschrieben. Das ist eine Menge! Maries Schule besteht aus zwei Teilen:

Ein „ ________________ " für die Kinder von 11–15 Jahren und ein „ ________________ " für die Schüler

von 15–18 Jahren. Am Ende können sie dort das Abitur ablegen. Auf Französisch heißt es ______________.

Vis-à-vis

Französische Schulen werden in der Regel nach einer großen französischen Persönlichkeit (Politiker, Poet, Wissenschaftler, ...) benannt. Wie heißt deine Schule? Hast du schon darüber nachgedacht?

Atelier A

2 **A propos du texte** (nach SB S. 64, Nr. 4) → En plus, Nr. 1 △

Relis le texte à la page 61 de ton livre. Puis réponds aux questions. Beantworte dann die Fragen.
Pour répondre, fais des phrases complètes. Schreibe deine Antworten in ganzen Sätzen auf.

1. Lundi, à 8 heures, dans la cour: Qui n'est pas là? ____________________________

2. Qui est Mme Mangin? ____________________________

3. Qu'est-ce que Léo trouve dans la cour? ____________________________

4. Que fait Léo à la récréation de 10 heures? ____________________________

5. Où sont les élèves à une heure? ____________________________

6. Et où est la clé USB maintenant? ____________________________

En forme

3 Oui ou non? (G 12) (nach SB S. 64, Nr. 6)

→ En plus, Nr. 2 △

Réponds aux questions et utilise «ne … pas».
(Antworte auf die Fragen und benutze ***„ne … pas“****.)*

1. Marie, tu aimes les jeux vidéo? (~~les jeux vidéos~~ / les livres)

   Non, je n'aime pas les jeux vidéo, j'aime les livres.

2. Léo, tu regardes la télé? (~~regarder la télé~~ / ranger sa chambre)

   Non, je ____________________ la télé, je range ma chambre.

3. Alex, tu habites rue Truffaut? (~~rue Truffaut~~ / rue Nollet)

   ____, j'habite rue Nollet.

4. Mehdi, tu travailles? (~~travailler~~ / jouer avec Jérôme)

   ____________________________________, je ____________ avec Jérôme.

5. Jérôme, tu as onze ans? (~~onze ans~~ / treize ans)

   ____.

Jeu de mots

4 Où sont les personnes? (G 13) (nach SB S. 65, Nr. 8)

Regarde les images et fais des phrases avec ***«au / à la / à l' / aux»****.*

1. Marie est à la librairie-papeterie.
2. Léo et Mehdi ____________________
3. Mme Latière ____________________
4. M. Racine ____________________
5. Jérôme ____________________
6. Alex ____________________
7. Moustique et Malabar ____________________

____

de sons

5 Je vais à Calais. (G14) (nach SB S. 65, Nr. 8)

Fais des rimes. *(Bilde Reime.)*
*Welche Form von **aller** passt, damit ein Reim entsteht?*
*Wähle das passende Personalpronomen: **je, tu, il/elle/on, nous, vous** ou **ils/elles.***
Manchmal gibt es mehrere Möglichkeiten.

Exemple:
Il va ________ chez papa.

________________ à la maison. 
________________ chez Manon. 

________________ rue Nollet. 

________________ au café. 

________________ chez Thomas. 
________________ chez Sarah. 

En forme

6 Ils vont où? (G13, 14) (nach SB S. 65, Nr. 8)

Raconte où vont les personnes. *(Erzähle, wohin die Personen gehen.)*

1. Je/collège
2. Elles/Alex
3. Tu/grand-père?
4. Vous/lit?
5. On/infirmerie
6. Je/toilettes?
7. Il/Léo
8. Vous/CDI?
9. Nous/cantine
10. Elle/Paris?

à
à l'
à la
aux
au
chez

1. Je vais au collège.
2. ________________
3. ________________
4. ________________
5. ________________
6. ________________
7. ________________
8. ________________
9. ________________
10. ________________

Ecouter

7 A la radio (nach SB S. 65, Nr. 9)

83

A *Du klickst im Internet französische Radiosender an.*
Achte auf die Uhrzeiten. Welcher Sender passt zu welcher Uhrzeit?
Ecoute les documents et écris le bon numéro. *(Schreibe die richtige Nummer auf.)*

Radio n° ___

Radio n° ___

Radio n° ___

Radio n° ___

B *Maintenant, écris l'heure. (Schreibe jetzt die Uhrzeit auf.)*

Radio n° 1: ________________
Radio n° 2: ________________
Radio n° 3: ________________
Radio n° 4: ________________

Atelier B

Jeu de mots

8 Les jours de la semaine (Die Wochentage) (nach SB S. 66, Nr. 1)

A *Ecris les lettres dans le bon ordre.*

emecrdir	mercredi	**nldiu**	______	**iramd**	______
ndiaechm	______	**envrddie**	______		
ieujd	______	**esadim**	______		

84

B *Die Freunde hinterlassen sich Nachrichten.*
Ecoute bien. Qui parle? Note le jour et l'heure.

Marie: mercredi, 2 h **Mehdi:** ______

Alex: ______ **Léo:** ______

Approche

9 Possessivbegleiter: notre / votre / leur / nos / vos / leurs (G 10, 16) (vor SB S. 69, Nr. 11)

A ***Travaillez à deux.*** *Jetzt seid ihr gefordert. Was unterscheidet Situation 1 von Situation 2? Achtet auf die Anzahl der „Besitzer". Geht euch ein Licht auf?*

Warum verwendet man nicht dieselben Possessivbegleiter in Situation 1 und 2?

______

B ***Cherchez le bon adjectif possessif.***

1. Marie, tu aimes **t**a______ classe, **t**______ collège et **t**______ copains?

2. Marie et Alex, vous aimez **v**______ classe, **v**______ collège et **v**______ copains?

3. Marie aime **s**______ classe, **s**______ collège et **s**______ copains.

4. Marie et Alex aiment **l**______ classe, **l**______ collège et **l**______ copains.

…es mots …s lettres

10 Au collège (nach SB S. 68, Nr. 5)

→ En plus, Nr. 3 △

Fais les mots croisés. *(Löse das Kreuzworträtsel.) Schreibe dann alle gelb unterlegten Buchstaben auf. Bringe sie in die richtige Reihenfolge, um das Lösungswort zu finden.*

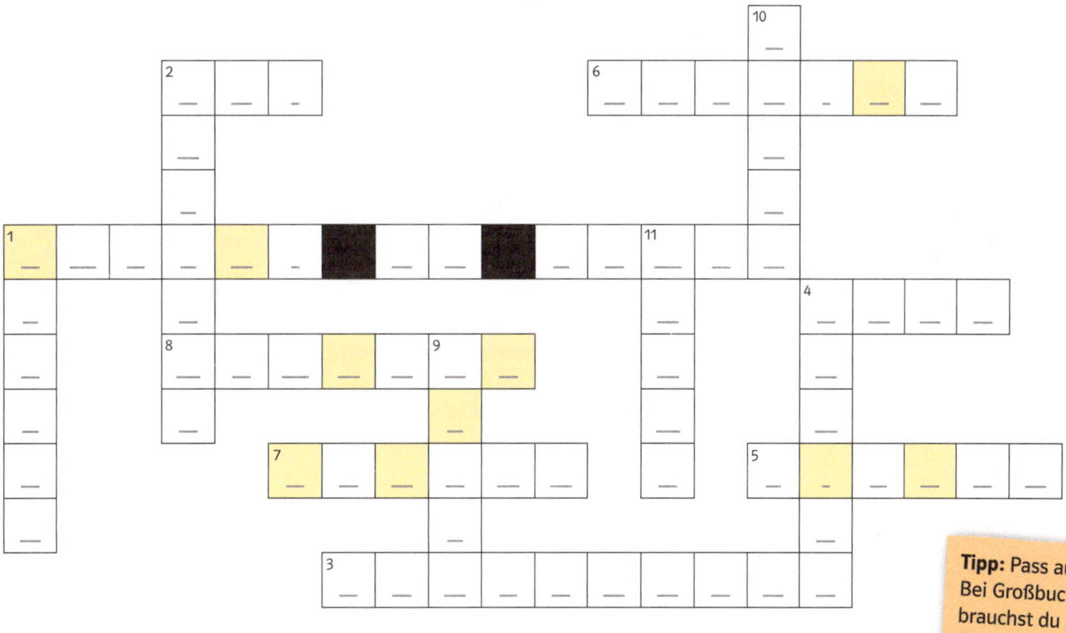

Tipp: Pass auf! Bei Großbuchstaben brauchst du hier keine Akzente zu setzen.

Lösungswort? __ __ __ __ __ __ __ __ __ __

Horizontalement (Waagerecht): **1.** – A quelle heure est-ce que nous avons le cours d'allemand? – Mais regarde ton **?**. **2.** Léo travaille sur l'ordinateur. Il est au **?**. **3.** Le **?** fait un cours d'allemand avec les élèves. **4.** Pendant la récréation, les élèves sont dans la **?**. **5.** Mme Latière aime les **?**. **6.** Après les cours, les élèves font leurs **?**. **7.** Léo fait les mots croisés avec un **?**. **8.** La salle pour le sport, c'est le **?**.

Verticalement (Senkrecht): **1.** A l'école, il y a des professeurs et des **?**. **2.** Les élèves de 11 à 15 ans vont au **?**. **4.** Léo fait ses devoirs dans un **?**. **9.** Léo fait ses devoirs avec un **?**. **10.** Aujourd'hui, les élèves ont un **?** d'allemand. **11.** Alex **?** à la cantine.

…n forme

11 faire (G 15) (nach SB S. 68, Nr. 6)

→ En plus, Nr. 4 △

*Complète le texte avec les formes de «**faire**».*

1. Des élèves de la 6eB ____________________ quelque chose pour leur classe.
2. *Sébastien arrive et dit:* «Qu'est-ce que vous ____________________?»
3. *Fanny:* Nous ____________________ un journal pour notre classe.
4. *Sébastien:* On ____________________ le journal ensemble?
5. *Farid:* D'accord. Qu'est-ce que tu ____________________, toi?
6. *Sébastien:* Moi, je ____________________ des mots croisés et des virelangues. Ecoutez.

85 ***A toi, maintenant!*** *(Jetzt bist du dran.)* ***Ecoute et répète le virelangue.*** *(Wiederhole den Zungenbrecher.)*

Jeu de sons

12 [ʃ] ou [ʒ] ou [g]? (nach SB S. 69, Nr. 9)

86 **A** *Lege deine Hand an deinen Kehlkopf. Sprich folgende Wörter laut und langsam aus. Was spürst du in deinem Hals?*

1. Beim stimmlosen **[ʃ]** („Chut! Le chien!"): Mein Kehlkopf vibriert ☐ / vibriert nicht ☐.

2. Beim stimmhaften **[ʒ]** („Je joue."): Mein Kehlkopf vibriert ☐ / vibriert nicht ☐.

B *Les mots et les lettres: Ecoute les mots et complète avec les lettres **«g», «j» ou «ch».***

_____ez	_____anvier	_____anson	_____arçon
collè_____e	bon_____our	bou_____ie	_____omme
diman_____e	_____eudi	_____gymnastique	

– Wie wird „g" vor „e / i / y" ausgesprochen?
[ʒ] ☐ **[g]** ☐

– Wie wird „g" vor „a / o" ausgesprochen?
[ʒ] ☐ **[g]** ☐

Ecrire

13 Qu'est-ce que tu fais? (G 13–15) (nach SB S. 68, Nr. 7)

*Pierre möchte Marie am Mittwoch ins Kino einladen. Schau dir Maries Terminkalender an und schreibe ihm eine kurze E-Mail. Erkläre, wann Marie was macht und wohin sie geht oder nicht geht. Wann hat sie überhaupt Zeit fürs Kino? **Ecris le mail dans ton cahier.***

09:00-10:00	école
10:00-11:00	
11:00-12:00	
12:00-13:00	~~cantine~~ (maison)
14:00-15:00	cours de musique
15:00-16:00	cours de tennis
16:00-17:00	–
17:00-18:00	–
18:00-19:00	chez Amélie

De:
À:
Subjet:

Salut Pierre,
Mercredi, je vais à l'école… ____________________

____

____

____

En forme

14 Ce sont vos clés? (G 10, 16) (nach SB S. 69, Nr. 12)

*In diesen Sätzen fehlen die Possessivbegleiter. Welche passen? **Complète les phrases.***

1. C'est ton sac, Marie? – Non, ce n'est pas ________ sac, c'est le sac de ________ sœur Clara. **2.** – Ce sont ________ clés, Mme Mangin? – Non, ce ne sont pas ________ clés. **3.** Ce sont les clés de M. Racine. Que font ________ clés ici? **4.** Nous aimons ________ professeurs. Ils sont super! Et nous aimons aussi ________ collège. **5.** Et vous, les élèves, vous aimez aussi ________ professeurs et ________ collège? **6.** – Ce sont les crayons et le cahier de Mehdi? – Oui, ce sont ________ crayons, mais ce n'est pas ________ cahier. **7.** Voilà Mehdi et Léo avec ________ professeur et ________ copains.

Lire

15 Le lycée-collège Honoré de Balzac (bei SB S. 70, Nr. 1)

Actualités …

Bienvenue au Collège-Lycée International de Paris Honoré de Balzac

«Honoré de Balzac» est un collège et un lycée. C'est le plus grand lycée collège de Paris: il y a 2000 élèves et 200 professeurs, 2 CDI, une bibliothèque internationale, une médiathèque, 4 gymnases, une salle des spectacles et même une piscine!
A «Balzac», on trouve des classes internationales avec des cours en anglais, en arabe, en espagnol et en portugais. Il y a aussi des cours de cirque, des cours de cinéma et de journalisme. Dans un gymnase transformé en studio, les élèves font des interviews pour la télé.

Dies ist noch einmal der Text, den du schon aus deinem Buch S. 68 kennst.

A *Unterstreiche alle Wörter, die dir bekannt vorkommen, weil sie einem deutschen Wort, einem Fremdwort oder einem englischen Wort ähneln.*

B *Trage in die folgende Tabelle mindestens zwei Wörter ein, die jeweils einem deutschen Wort bzw. einem Fremdwort entsprechen.*

C *Vielleicht findest du im Text auch französische Wörter, die Wörtern aus anderen dir bekannten Sprachen ähneln. Wenn ja, unterstreiche sie dann und trage zwei davon in die Tabelle ein.*

Französisches Wort	Deutsch / Fremdwort	Englisch	⟨Andere Sprachen⟩
bibliothèque	Bibliothek		

STRATEGIE

Manchmal führen dich Entsprechungen auf eine falsche Fährte.

„Collège" heißt natürlich nicht „Kollege".
Solche Wörter nennt man „falsche Freunde", auf Französisch „faux amis".

Warum ist das Wort „gymnase" im Text oben ein „falscher Freund"?

Es heißt auf Deutsch nicht ______________________,

sondern ______________________.

(* „gymnase" = „Sporthalle" in Frankreich; „Gymnasium" in der Schweiz.)

Pratique: tâches

Parler

16 Vis-à-vis: L'école (nach SB S.70)

Du bist zum Austausch in Frankreich und lernst ein Mädchen / einen Jungen kennen. Ihr unterhaltet euch über die Schule. Einigt euch, wer welche Rolle übernimmt. Knicke das Blatt an der gestrichelten Linie. Mit den eckigen Klammern könnt ihr euch kontrollieren. Wechselt danach die Rollen. ***Jouez la scène.***

Toi	La fille / Le garçon
1. Du begrüßt das Mädchen / den Jungen und fragst, wie sie / er heißt.	**1.** [Salut. Tu t'appelles comment?]
2. [Je m'appelle …]	**2.** Sie / Er heißt …
3. Du möchtest wissen, ob sie / er auf das „lycée" geht.	**3.** [Tu vas au lycée?]
4. [Non, j'ai onze ans. Je vais au collège.]	**4.** Nein, sie / er ist 11 Jahre alt, sie / er geht auf das „collège".
5. Du möchtest wissen, wer in Frankreich auf das „collège" geht.	**5.** [Qui va au collège en France?]
6. [Les élèves de 11 à 15 ans vont au collège en France.]	**6.** Sie / Er erklärt, dass die Schüler von 11 bis 15 Jahren in Frankreich auf das „collège" gehen.
7. Du fragst, was sie / er morgen um 4 Uhr macht.	**7.** [Qu'est-ce que tu fais demain à 4 heures?]
8. [Demain, c'est jeudi. A 4 heures, je suis au collège. J'ai un cours de musique.]	**8.** Sie / Er antwortet, dass morgen Donnerstag ist und dass sie / er um 4 Uhr im „collège" ist. Sie / Er hat eine Musikstunde.
9. Du fragst, ob ihr danach zusammen spielen könnt.	**9.** [Et après? On joue ensemble?]
10. [Non. Après, je rentre à la maison et je fais mes devoirs.]	**10.** Nein. Sie / Er geht danach nach Hause und macht ihre / seine Hausaufgaben.
11. Du findest das schade. Ihr verabschiedet euch.	**11.** [C'est dommage. Alors, salut!]

Médiation

17 Vis-à-vis: une photo (nach SB S.71, Nr. 2)

Deine französische Brieffreundin / Dein französischer Brieffreund hat im Internet das folgende Foto aus Deutschland entdeckt. Sie / Er schickt dir den Link und möchte wissen, was das Foto bedeutet. Du erklärst ihr / ihm das Foto in einer kurzen E-Mail.
Ecris le mail. *(60 mots maximum)* ***Pour t'aider*** *(um dir zu helfen):*
photo – fille – 5 ou 6 ans – première journée à l'école – cornet – cadeaux – bonbons, …

Salut,

____

____

____

A bientôt,

Überprüfe, was du kannst!
geht so ← ● → klappt noch nicht
● → prima
Im Cahier darfst du die Ampel ankreuzen. Vergleiche deine Lösungen mit den Lösungen auf Seite 98.

Bilan

1 Jeu de mots (nach SB S. 72, Nr. 1)

→ En plus, Nr. 1 △, 5 △, 6 △

Ich kann Wörter und Themen ordnen, um sie mir besser zu merken.

Cherche l'intrus. Puis écris le thème de chaque DVD dans la case.
(Schreibe dann das Thema jeder DVD in das Kästchen.)

en interaktiv 3rp33w

2 Médiation (nach SB S. 72, Nr. 4)

Ich kann einer Französin / einem Franzosen ein deutsches Dokument auf Französisch erklären.

Journée de jeux au collège.
Deine Klasse plant einen Spieltag für den 14. Juli.
Du möchtest deinem französischen Austauschpartner, der dich Mitte Juli besuchen wird, die Infos schriftlich mitteilen.
Ecris le mail dans ton cahier.

en interaktiv a2qg94

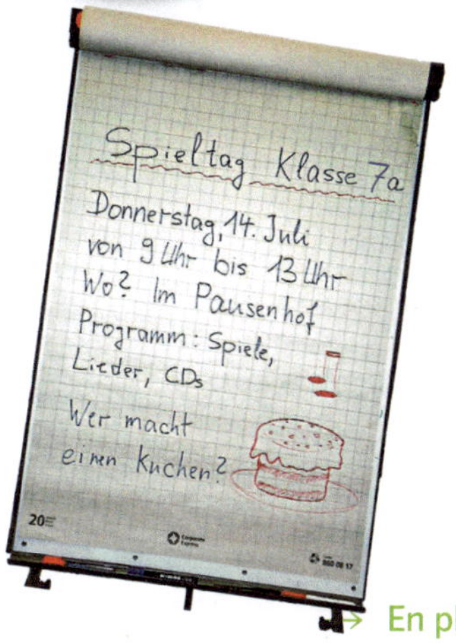

3 En forme (nach SB S. 73, Nr. 6)

→ En plus, Nr. 2 △, 4 △, 6 △

A Ich kann Sätze ***verneinen***.

en interaktiv xz8w57

1. Tu regardes la télé? – Non, ______________________________
2. C'est la récréation? – ______________________________
3. Tu habites à Paris? – ______________________________

B Ich kann sagen, ***wo*** ich ***hingehe («aller á»)*** und was ich ***mache («faire»)***.

1. Je ________ ________ CDI et je ________ des exercices.
2. Vous ________ ________ Marie et vous ________ vos devoirs?
3. Ils ________ ________ école et ils ________ des jeux.

C Ich kann die ***Possessivbegleiter*** verwenden.

1. J'aime ________ frère, ________ sœur, ________ parents et ________ amie. *(mein)*
2. Clara et Gabriel, où est ________ cousin et où sont ________ cousines? *(euer)*
3. Mehdi et Karima regardent ________ frère et ________ parents. *(ihr-**Plural**)*

Die Lösungen findest du auf den Seiten 100 und 101.

En plus: différenciation

Ecouter et écrire

1 Dictée à deux

Diktiert euch gegenseitig den Text 4 A „La clé" auf S. 59 deines Buches. Korrigiert danach den Text eures Partners mit Hilfe des Textes im Buch.

Partner A: «Lundi …» bis «Léo n'est pas là non plus.»
Partner B: «Huit heures moins deux …» bis «… d'allemand arrive.»
Partner A: «Huit heures!» bis «… salle de classe.»
Partner B: «A la récréation …» bis «… la clé est dans l'ordinateur.»

En forme

2 Mais non!

*Ecris les phrases à la forme négative (**«ne … pas»**).*

1. Léo est là aujourd'hui. Léo n'est ______________________.
2. Nous allons au CDI. ______________________.
3. On regarde la clé USB. ______________________.
4. Tu trouves ça bien? ______________________?

Ecrire

3 Excusez-moi.

Qu'est-ce que tu dis dans les situations suivantes? (Bringe zunächst die Satzteile rechts in die richtige Reihenfolge. Schreibe auf, was du in den folgenden Situationen sagen würdest.)

1. Ein Freund fragt dich etwas. Du weißt es nicht.
____
2. Du kommst zu spät zum Französischunterricht. Du entschuldigst dich.
____
3. Ein Freund äußert seine Meinung. Du stimmst ihm zu.
____
4. Du bekommst eine tolle Note in einer Mathearbeit. Du glaubst zu träumen.
____
5. Du hast keine Uhr dabei und fragst nach der Uhrzeit.
____

rêve / un / C'est / !
moi / Excusez / .
pas / Je / sais / ne.
quelle / est-il / heure / Pardon / , / ?
as / Tu / raison / !

En forme

4 font / vont / sont / ont? *Complète le texte avec la forme correcte.*

1. Les copains *(font/vont)* __________ à l'école. **2.** A sept heures et demie, ils *(sont/ont)* __________ devant le collège. **3.** Ils *(sont/ont)* __________ cours à huit heures. **4.** Ils *(vont/ont)* __________ une interrogation aujourd'hui. **5.** Pour préparer l'interrogation, ils *(font/sont)* __________ encore des exercices ensemble. **6.** A huit heures moins cinq, ils *(sont/ont)* __________ devant la salle de classe. **7.** Ils *(ont/vont)* n'__________ pas envie de faire l'interrogation.

Ecouter et écrire

5 Malabar cherche Moustique.

A *Ecoute le texte. Mets les images dans le bon ordre. Ecris le bon numéro dans les cases. (Höre den Text an. Bringe die Bilder in die richtige Reihenfolge. Schreibe die richtige Nummer in die Kästchen.)*

87

B *Ecris l'histoire de Malabar en 5 à 7 phrases. Utilise* ***«dans, devant, derrière, sous, sur»****.*

Ecrire

6 Ta copine / Ton copain

Stelle deinen besten Freund / deine beste Freundin auf einem DIN-A4-Blatt wie eine Sonne dar. Du darfst alles nennen: Name, Vorname, Alter, Wohnort, Schule, Klasse, beliebte / unbeliebte Fächer, Freizeitbeschäftigungen und andere Dinge, die dir wichtig sind. Schreibe in ganzen Sätzen an die Strahlen. Dekoriere diese „Sonnen-Seite" mit Fotos oder Zeichnungen. Du kannst die Seite deinem Portfolio hinzufügen.

TFOLIO

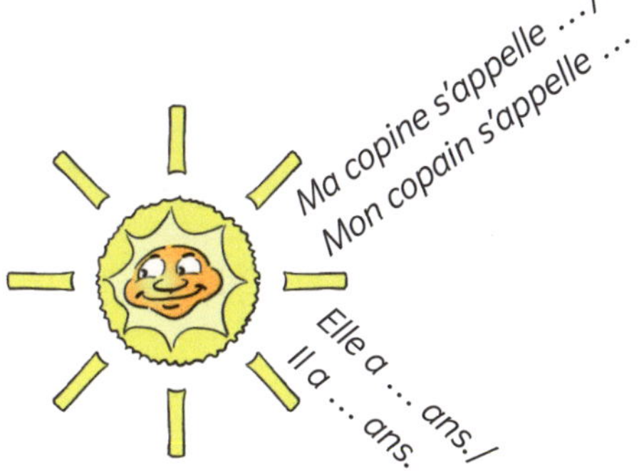

EATRE

7 Nous faisons du théâtre.

Schreibt Szenen für kleine Theaterstücke, die ihr im Laufe des Jahres vor Publikum aufführt. Ihr könnt den Inhalt frei erfinden.
Vielleicht gefällt euch aber auch die folgende Idee:

Mehr dazu 52r7ea

Lisas erster Schultag im Collège Balzac. Die Freunde warten vor dem CDI. Ein Schüler hilft Lisa und bringt sie hin. Es ist 07:55 Uhr, Marie ist noch nicht da. Erst als alle schon im Klassenraum sind, stürmt sie mit ihrer Schultasche herein. Sie öffnet diese und stellt erstaunt fest, dass ihr USB-Stick fehlt! Hat sie ihn vergessen? Oder verloren? Oder hat ihn jemand gestohlen? Sie braucht den Stick unbedingt, denn sie möchte ihren neuen Mitschülern Bilder von ihrer deutschen Heimatstadt zeigen und ihre Lieblingsmusik vorstellen. Ihre Deutschlehrerin hatte sie am Telefon darum gebeten, damit sie sich an der Schule schneller einleben kann. Doch wo ist der Stick? Lisa macht sich auf die Suche in der Umgebung. Ihre neuen Freunde helfen ihr.

PORTFOLIO

Das kann ich schon! (nach Unités 3 – 4)

Selbsteinschätzung: *Überprüfe, wie fit du bist. Kreuze an, wie deine Ampel steht (linke Ampel). Wenn du unsicher bist, wiederhole die Übungen, die in der rechten Spalte angegeben sind.*

Partnereinschätzung: *Ihr könnt euch auch gegenseitig einschätzen (rechte Ampel).*

Selbsteinschätzung vom: ____________ *Datum*   Partnereinschätzung vom: ____________ *Datum*

Sich auf Französisch verständigen	Selbst	Übungen	Partner
Ich kann sagen, wie alt ich bin, wann mein Geburtstag ist, und ich kann einen anderen danach fragen.	● ● ●	SB S. 54, Nr. 9 CdA S. 40, Nr. 12	● ● ●
Ich kann jemandem zum Geburtstag gratulieren.	● ● ●	CdA S. 35, Nr. 1 CdA S. 43, Nr. 17	● ● ●
Ich kann mich oder andere Personen mit Familie und Vorlieben / Abneigungen vorstellen.	● ● ●	SB S. 54, Nr. 10 CdA S. 42, Nr. 15	● ● ●
Ich kann nach der Uhrzeit fragen und die Uhrzeit nennen.	● ● ●	SB S. 62, Nr. 2 CdA S. 49, Nr. 7	● ● ●
Ich kann einen Tagesablauf beschreiben.	● ● ●	SB S. 65, Nr. 9 SB S. 65, Nr. 10	● ● ●
Ich kann ein Bild oder Foto mit einfachen Sätzen beschreiben.	● ● ●	SB S. 56, Nr. 5 CdA S. 54, Nr. 17	● ● ●
Ich kann auch Einzelheiten verstehen, wenn ich eine Szene sehe oder höre oder einen Text höre oder lese.	● ● ●	SB S. 70, Nr. 1 CdA S. 43, Nr. 18	● ● ●
Médiation: Ich kann einfache französische Informationen auf Deutsch und einfache deutsche Informationen auf Französisch wiedergeben.	● ● ●	SB S. 71, Nr. 2 CdA S. 54, Nr. 17	● ● ●

Vis-à-vis

Hier und dort			
Ich kann einige Dinge benennen, die zu einem Geburtstag in Frankreich gehören.	● ● ●	SB S. 52, Nr. 2 CdA S. 36, Nr. 3	● ● ●
Ich kann einige Merkmale eines französischen *collège* benennen und es mit einem deutschen Gymnasium vergleichen.	● ● ●	SB S. 61, SB S. 68 CdA S. 47, Nr. 1	● ● ●
Ich kann einen französischen und einen deutschen Stundenplan miteinander vergleichen und einige Unterschiede benennen.	● ● ●	SB S. 66, Nr. 2	● ● ●

Stratégie

Gewusst, wie …			
Ich kann einen Text, den ich geübt habe, flüssig vorlesen.	● ● ●	SB S. 50, Nr. 9	● ● ●
Ich kann zu einem vertrauten Thema (z. B.: Familie, Schule, Hobbys) ein Wortnetz zusammenstellen, das mir beim Lernen und Behalten hilft.	● ● ●	SB S. 66, Nr. 3 CdA S. 38, Nr. 8	● ● ●
Ich kann einem Text das Thema und wichtige Informationen entnehmen, auch wenn ich nicht alle Wörter verstehe. Unterstreichungen helfen mir dabei.	● ● ●	CdA S. 42, Nr. 16 CdA S. 53, Nr. 15 A	● ● ●

Schau dir die Liste noch einmal an: Wähle die Einträge aus, bei denen du die grüne Ampel angekreuzt hast. Übertrage sie auf das Poster am Ende des „Cahier".

Lösungen und Tipps findest du auf S. 101.

Révisions (nach Unités 3 – 4)

de sons

1 Cherche l'intrus.

*Welches Wort enthält nicht den angegebenen Laut? **Barre ce mot**.*

[ə] comme «le»	**regarder**	**faisons**	**tante**	**au revoir**	**monsieur**
[e] comme «les»	**clé USB**	**merci**	**chez Mehdi**	**cahier**	**journée**
[ɛ] comme «très»	**frère**	**super**	**grand-père**	**en retard**	**affaire**
[œ] comme «ordinateur»	**professeur**	**heure**	**sœur**	**peur**	**gâteau**

de mots

2 Toujours le contraire!

***Complète les phrases.** Ecris le contraire. (Vervollständige die Sätze. Schreibe das Gegenteil.)*

1. 

Alex cherche ______ Malou.

Jérôme trouve ______

2. 

Léo ______ les chiens.

Mme Latière ______

3. 

Malabar est ______

Malou ______

4. 

______

______

en forme

3 L'allemand et le français

△ ***Ecris en français. Attention à la forme «ihr / Ihr»!***

1. Mme Mangin sucht ihren USB-Stick.

______

2. Singt ihr für Marie? Es ist ihr Geburtstag.

______

3. Ist das Ihr Hund, Frau Pirou?

______

4. Marie und Alex mögen ihre Schule gern.

______

On prépare le DELF (nach Unités 3 – 4)

Mit dem DELF-Zeugnis hast du eine Trumpfkarte in der Hand!
Mit den folgenden Übungen kannst du trainieren.

Mini-DELF-Prüfung	
mögl. Punkte	deine Punkte
4	

1 Compréhension de l'oral

91 **A** *Ecoutez les documents. Associez chaque situation à une photo. Ecrivez le numéro du document dans la bonne case. Regardez d'abord les photos.*

92 **B** *Lisez d'abord les questions, écoutez le document, puis répondez aux questions.*

1. Qui téléphone? ☐ Christophe ☐ Julien ☐ Philippe

2. Il fait les devoirs ☐ de français. ☐ de maths. ☐ d'anglais.

3. Il téléphone pour aller au club de ☐ tennis. ☐ foot. ☐ rugby.

4. Son numéro de téléphone, c'est le 0 _____ 31 _____ 27 15.

Summe „Compréhension de l'oral"

Aufgabe 1	
mögl. Punkte	deine Punkte
1	
1	
1	
1	
8 *Summe*	

2 Compréhension des écrits

Subjet:

Coucou Albertine,
Le cirque, c'est samedi après-midi. Tu viens?
Marie n'a pas envie. Mais moi, oui.
A samedi donc chez Valentine à 3 heures!
♥ ♥ ♥ Anne

A *Lisez le message. Répondez aux questions.*

1. Le message est pour ☐ Albertine. ☐ Anne. ☐ Valentine.

2. Qui ne va pas au cirque? ☐ Anne ☐ Marie ☐ Valentine

3. Le rendez-vous est à quelle heure? ______________

4. Chez qui est le rendez-vous? ☐ Anne ☐ Marie ☐ Valentine

Aufgabe 2 A	
mögl. Punkte	deine Punkte
1	
1	
1	
1	

B *Lisez l'annonce. Répondez aux questions.*

Cirque du Soleil
à Annecy
du 25 septembre
au 25 octobre

Billets
Plein tarif: 25 €
Tarif réduit
(élèves, étudiants, seniors): 12,50 €

1. Comment s'appelle le cirque? ______________

2. Il reste à Annecy ☐ 2 semaines. ☐ 3 semaines. ☐ un mois.

3. Un billet pour les filles coûtent ______________ euros.

Total „Compréhension des écrits"

Aufgabe 2 B	
mögl. Punkte	deine Punkte
1	
1	
2	
8	

Gesamtsumme

3 Production écrite

A *Pour avoir des informations régulières sur «Radio Junior», votre radio préférée en France, vous remplissez un formulaire sur Internet.*

Nom, Prénom: ______________________________

Ecole: ____________________ **Classe:** ____________

E-mail: ____________________ **Anniversaire:** ____________

Dans votre programme, j'aime: ______________________________

Aufgabe 3 A	
mögl. Punkte	deine Punkte
1	
1	
1	
1	

B *Tu es à Paris, dans une famille française. Tu aimes Paris. Tu écris un courriel à une copine française / un copain français. (20 mots environ)*

De: ______________________________

A: ______________________________

Objet: ______________________________

____

____

____

____

____

Aufgabe 3 B	
0,5	
0,5	
0,5	
2,5	
8 *Summe*	

4 Production orale

A *L'examinateur[1] pose des questions et vous répondez. (1 minute environ)*

1. Tu t'appelles comment? Tu habites où?
2. Tu as un chien ou un chat?
3. Qu'est-ce que tu fais avec tes amis?
4. Qu'est-ce que tu aimes au collège?

Deine Partnerin / Dein Partner spielt den Prüfer (l'examinateur) und vergibt die Punkte.

Aufgabe 4 A	
mögl. Punkte	deine Punkte
1	
1	
1	
1	

B *Posez des questions à l'examinateur à partir des quatre cartes suivantes. (2 minutes environ)*

foot **anniversaire** **ordinateur** **famille**

Aufgabe 4 B	
4	
8 *Summe*	
32	
Gesamtsumme	

Auswertung:

1. Habe ich bei jedem der vier Aufgabenteile wenigstens zwei Punkte erreicht? ☐ Ja ☐ Nein
2. Habe ich insgesamt 16 oder mehr als 16 Punkte? ☐ Ja ☐ Nein

Zweimal „Ja"? Prima! Du hast bestanden.

Unité 5

Un samedi dans le quartier

Découvertes

Vis-à-vis

1 Joue au détective. (Spiele Bilddetektiv.) (nach SB S.77)

A *Schaut euch die Bilder an und sagt, ob sie in Deutschland / in Österreich / in der Schweiz oder in Frankreich gemacht wurden und begründet dieses.*

Dans Paris à vélo, on dépasse les auto
A vélo dans Paris, on dépasse les taxis

1.

2.

3.

4.

5.

6.

1. C'est ☐ en France ☐ en Allemagne ☐ en Suisse ☐ en Autriche parce que ______________.
2. C'est ☐ en France ☐ en Allemagne ☐ en Suisse ☐ en Autriche parce que ______________.
3. C'est ☐ en France ☐ en Allemagne ☐ en Suisse ☐ en Autriche parce que ______________.
4. C'est ☐ en France ☐ en Allemagne ☐ en Suisse ☐ en Autriche parce que ______________.
5. C'est ☐ en France ☐ en Allemagne ☐ en Suisse ☐ en Autriche parce que ______________.
6. C'est ☐ en France ☐ en Allemagne ☐ en Suisse ☐ en Autriche parce que ______________.

A *Ecoutez la chanson, puis chantez ensemble.*

110-111

Atelier A

...n forme

2 Le rêve d'Alex (G 17) (nach SB S.79, Nr. 2)

A *Sépare les formes des verbes par un trait.*

font|êtesregardonsparleschanteaimenthabitezsommes

Schreibe nun die Infinitive dieser Verben nacheinander in die rechte Spalte.

B *Lis le dialogue entre Alex et Marie. Complète avec les verbes au futur composé. (Ergänze die Verben im Futur composé.) Verwende die Verben, die du rechts hingeschrieben hast.*

1. *Marie:* Qu'est-ce que tu vas faire ______ après l'école? 1. faire ______
2. *Alex:* Hum, … je ______ une star de judo! 2. ______
3. *Marie:* Super! Et un soir, nous ______ la télé et … 3. ______
4. *Alex:* … surprise! On ______ de moi! 4. ______
5. *Marie:* Et les copains et copines ______! 5. ______
6. *Alex:* Tout le monde ______ Alex, la star de judo! 6. ______
7. *Marie:* Stop. Mais tu ______ loin, alors. 7. ______
8. *Alex:* Je ne sais pas, mais Léo et toi, vous ______ toujours mes amis. 8. ______

mots et ...s lettres

3 Qu'est-ce qu'on va faire? (G 17) (nach SB S.79, Nr. 2)

Complète le dialogue entre Mehdi et Léo. Léo dit toujours ***«Non»****.*

Mehdi: Qu'est-ce qu'on va faire samedi?

1. – On va jouer dans le parc? – Non, on ne va pas jouer ______ dans le parc.
2. – Tu vas ranger ta chambre? – Non, je ______ ma chambre.
3. – Nous allons écouter tes CD? – Non, nous ______ mes CD.
4. – Marie va être chez toi? – Non, elle ______ chez moi.
5. – Tes parents vont regarder tes devoirs? – Non, ils ______ mes devoirs.

Qu'est-ce que Léo va faire samedi? Tu as une idée?

Léo ______

Jeu de mots

4 L'appartement des Chabane (nach SB S. 81, Nr. 4)

A *Lis le texte dans ton livre à la page 80 et complète le dessin.*
Beschrifte mithilfe der Informationen aus dem Text (auf S. 80 deines Schülerbuchs) die Räume und Möbel, die dort vorkommen. Beschrifte dann die übrigen Räume.

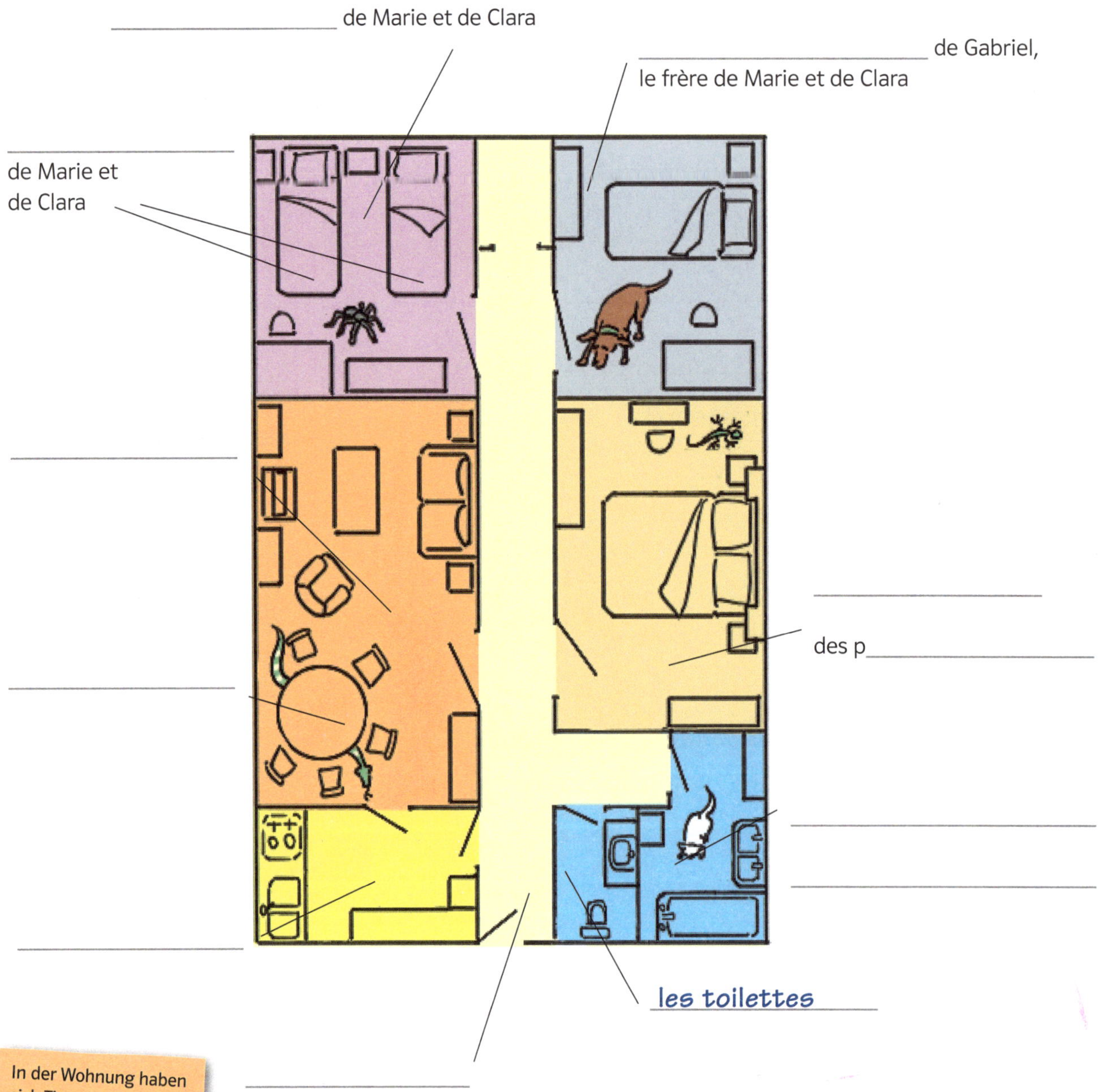

In der Wohnung haben sich Tiere versteckt. Findest du sie?

PORTFOLIO

B *Et chez toi? Dessine le plan des pièces chez toi.*
Zeichne den Grundriss der Räume bei dir zu Hause. Beschrifte die Räume wie du möchtest.
Fehlt dir ein Wort? Frage deine Lehrerin oder deinen Lehrer.
Gestalte den Plan schön aus. Ergänze z. B. Fotos.
Du kannst den Plan deiner Portfolio-Sammlung hinzufügen.

Vis-à-vis

Un appartement a une, deux, trois, quatre … ***pièces***.
Une pièce ***avec un lit***, c'est ***une chambre.***

Atelier A

En forme

5 Où est la clé? (G18) (nach SB S. 81, Nr. 6)

M. Barral, le concierge du collège, cherche des clés.
Complète avec «du, de la, de l', des».

Ecrire

6 La semaine de Pia (nach SB S. 81, Nr. 6)

A *Nachdem Pia aus Stuttgart in letzter Zeit nie online war, schreibt ihr Marie eine E-Mail. In ihrer Antwort-Mail schreibt Pia, warum sie an den beiden Tagen nicht kann. Sie macht einen anderen Vorschlag. (Auf S. 70 findest du Hilfen für Anfang und Ende einer E-Mail.)*

De:
À:
Objet: «Chat»: lundi soir ou jeudi soir

Salut Pia,
Tu as envie de chatter lundi ou jeudi soir, à 7 heures? Tu vas être devant ton ordi?

Bises,
Marie

Ecris la réponse de Pia.

De:
à:
Objet: Response: Chat: lundi soir ou jeudi soir

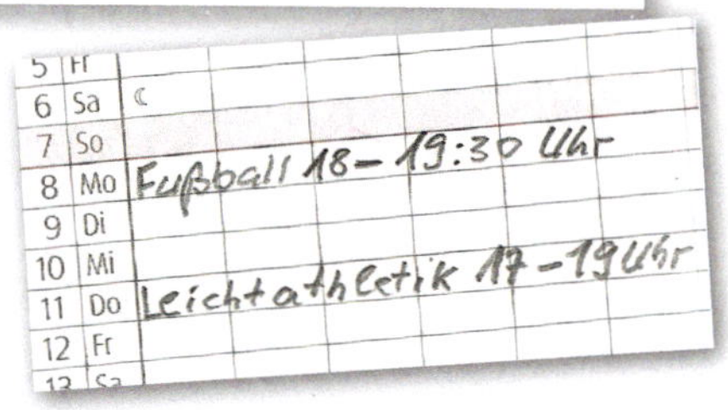

B *Morgens, nachmittags, abends? Mit wem spielt Moustique? Faites des rimes.*

L'________________________, je joue avec Lucie.

Le ________________________, je joue avec Gaspard.

Et le ________________________, je joue avec Romain.

Atelier B

Ecoute.

N'écoutez pas.

Ecoutons.

En forme

7 L'impératif (G 19) (nach SB S. 80, Nr. 1)

Betrachte die Tabelle und die folgenden Sätze. Kannst du den Code knacken?
Ecris ce que le prof dit. *(Schreibe auf, was der Lehrer sagt.)*

1. jouer la scène — Jouez la scène.
2. parler — ______
3. jouer au détective — ______
4. chanter la chanson — ______
5. entrer — ______
6. aller dans la cour — ______
7. faire des phrases — ______

Regarder, écouter et écrire

8 Plan du quartier (nach SB S. 82, Nr. 2)

112

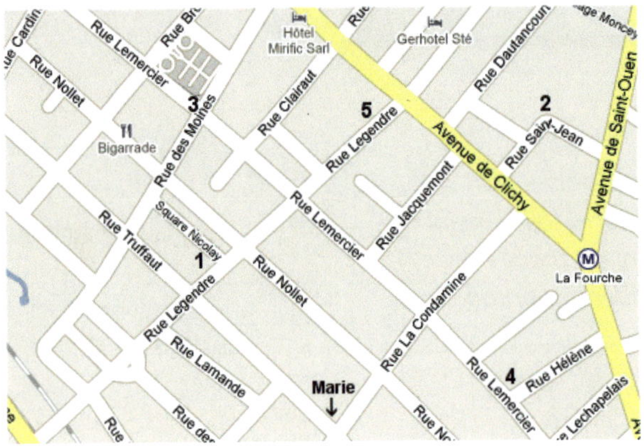

Vergleiche in dieser Aufgabe alle deine Lösungen mit einer Partnerin / einem Partner.

A *Du stehst an der Metro-Station «La Fourche». Du fragst nach dem Weg zu einer Boulangerie (A), einem Kino (B) und einer Apotheke (C). Höre die Wegbeschreibung an und zeichne die Wege in den Plan ein. Bei welcher Nummer landest du jeweils? Schreibe diese Nummer neben die Buchstaben.*
Maintenant, écoute les documents.

A = ☐ B = ☐ C = ☐

B *Du möchtest Marie in der rue Truffaut 38 besuchen. Sie schreibt dir auf einem Zettel auf, wie du sie von der Metro-Station La Fourche aus finden kannst.*

Tu es sur l'avenue de Clichy.
Va d'abord tout droit. A la rue
La Condamine, ______

______

______

Le numéro 38 est au carrefour,
a droite.

C ***Médiation:*** *Jemand aus deiner Klasse möchte auch zu Marie gehen. Du erklärst ihr / ihm den Weg auf Deutsch.*

Wenn du in der avenue de Clichy bist,
gehe zuerst geradeaus. Bei der rue
La Condamine ______

______

______

Die Nummer 38 ist an der
Kreuzung rechts.

Atelier A

.es mots, .s lettres

9 Est-ce que (G 20) (nach SB S. 84, Nr. 4)

A ***Ecris dans les silhouettes. Puis tire des traits entre les questions et les bonnes réponses.***
(Schreibe in die Silhouetten. Ziehe dann Striche zwischen den Fragen und den passenden Antworten.)

Qu'est-ce que ***tu as?*** – Non.

Est-ce que ***ça va?*** – Ici.

Où est-ce que ***tu as mal?*** – J'ai mal.

B ***Ecrire à l'aveugle*** *(Blindes Schreiben).*

STRATEGIE

Lies die Aufgabe 1 auf Seite 29 dieses Heftes durch.
Schreibe dann auf diese Art die Fragen aus Teil A.

n forme

10 Est-ce que (G 20) (nach SB S. 84, Nr. 5)

A *Als Alex am Samstagnachmittag vom Judo nach Hause kommt, hat ihre Mutter wie immer viele Fragen.*
Lis les réponses et trouve les questions avec «est-ce que». *Achte auf die Markierungen.*

1. *Mme Guibert:* Est-ce que Marie fait aussi du sport?

Alex: Oui, elle fait aussi du sport.

2. *Mme Guibert:* ______________________________

Alex: Elle fait de l'athlétisme et de la danse.

3. *Mme Guibert:* ______________________________

Alex: Oui, maman, elle aime la danse.

4. *Mme Guibert:* ______________________________

Alex: Elle fait de la danse au collège. Oh! Toujours tes questions, maman!

5. *Mme Guibert:* ______________________________

Alex: Elle fait de la danse le mercredi après-midi.

6. *Mme Guibert:* ______________________________

Alex: Je trouve ça cool, la danse.

7. *Mme Guibert:* ______________________________

Alex: Non, je n'ai pas envie de faire de la danse. Je fais déjà du judo. Ah, maman! J'aime tes questions!

B *Hier sind Schnieff und Schnuff.*
In Frankreich heißen sie „Boule et Bill".
Regarde les images et
écris deux ou trois phrases.

____

____

____

Atelier C

Jeu de sons

11 Jeu de sons [ʀ] (nach SB S. 85, Abschnitt 1)

113 **A** *Où est-ce que tu entends un «r»?*
Ecoute bien et entoure les «r» que tu entends en vert.
(Wo hörst du ein „r“? Höre gut hin und umkreise die „r“, die du hörst, grün.)

un roller **aller** **un parc** **un repas**
chez
une journée **jouer** **chercher** **mais**
tout **un tour** **ce soir** **toi** **la mère**

B ***Travaillez à deux. Lisez les mots.***
Achtet gut auf die genaue Aussprache.
Hört euch gegenseitig zu und korrigiert euch, wenn nötig.

Das ist ein französischer Abzählvers. Schaffst du es, ihn auswendig zu lernen?

Jeu de mots

12 On a faim et soif. (G 21) (nach SB S. 85)

A *Entoure les mot que tu connais.*

Solche Rätsel kannst du auch selbst für deine Mitschüler(innen) machen. Versuche es mal!

r	m	_	a	c	l	x	_	d	j	n	e	_
c	o	_	n	o	n	e	_	u	e	a	b	_
b	y	_	l	i	_	p	_	n	f	g	o	_
n	u	_	q	v	_	o	_	x	m	a	p	_
_	l	_	_	_	_	_	_	b	t	i	n	_
_	d	_	l	e	_	k	_	_	_	_	i	_
_	b	_	_	_	_	_	_	_	_	g	a	_
_	e	_	t	a	_	w	i	r	e	n	a	w

B *Voilà Gabriel, Clara et Karima devant le stand de crêpes.*

Complète le texte avec les mots de l'exercice 12 a.

1. *Clara:* J'ai ____________ . Vous aussi?
2. *Gabriel:* Oui! Je ____________ une crêpe.
3. *Karima:* Clara et moi, nous ____________ des gaufres. D'accord, Clara?
4. *Clara:* Oui. Vous avez ____________ ? Vous ____________ des cocas?
5. *Gabriel:* Je n'aime pas le coca. Hum, … qu'est-ce que je vais ____________ ?
6. *Clara:* Alors, Gabriel, ____________ un jus de pommes.
7. Gabriel ____________ un jus de pomme, et Clara et Karima ____________ des cocas.

Ecouter

13 Ça coûte combien? (nach SB S. 86, Nr. 5)

114 ***Ecoute et note les prix.*** *(Höre zu und notiere die Preise.)*

1.

10 €

2.

____ €

3.

____ €

4.

____ €

5.

____ €

6.

____ €

⟨Activités au choix⟩

aufzettel

1 Laufzettel (SB S. 87–90)

Die Aufgaben, die in eurem Buch auf den Seiten 87–90 gestellt werden, könnt ihr selbstständig und in beliebiger Reihenfolge bearbeiten. Arbeitet immer zu zweit.
Damit ihr die Übersicht behaltet, könnt ihr hier die Aufgaben „abhaken", die ihr erledigt habt. Außerdem könnt ihr in die letzte Spalte schreiben, wie ihr die Aufgabe fandet. Diese Spalte kann jeder für sich ausfüllen.

	Aufgabe	Materialien	Wie war die Aufgabe für dich?	Fertigkeiten Kompetenzen	erledigt ✓
▲	**1 Une chambre à deux** (S2)	Buch S. 87, Nr. 1 Lösungshinweise: Buch S. 206	☐ leicht ☐ schwer, weil …	Ich kann Gebote und Verbote aussprechen	
△	**2 Qu'est-ce qu'on prend?** (S1)	Buch S. 87, Nr. 2 Lösungshinweise: Buch S. 206	☐ leicht ☐ schwer, weil …	Ich kann die Bedeutung von Ausdrücken erschließen	
▲	**3 Des activités pour tout le monde!** (S2)	Buch S. 88, Nr. 3 Lösungshinweise: Buch S. 206	☐ leicht ☐ schwer, weil …	Ich kann das Programm eines Jugentreffs auf Französisch erklären	
△	**4 L'agenda de Marie et d'Alex** (S1)	Buch S. 88, Nr. 4 Lösungshinweise: Buch S. 206	☐ leicht ☐ schwer, weil …	Ich kann ein Gespräch zwischen zwei Personen verstehen	
△	**5 Un rêve bizarre** (S1)	Buch S. 89, Nr. 5 Lösungshinweise: Buch S. 206	☐ leicht ☐ schwer, weil …	Ich kann sagen, wo etwas in einer Wohnung steht	
▲	**6 Qui est «Scoubidou»?** (S2)	Buch S. 89, Nr. 6 Lösungshinweise: Buch S. 206	☐ leicht ☐ schwer, weil …	Ich kann Fragen für eine Rätselaufgabe erfinden	
△	**7 Mon quartier et mes activités** (S2)	Buch S. 90, Nr. 7 **Achtung: Hilfen zur Vorbereitung im Cahier d'activités S. 70!** Lösungshinweise: Buch S. 206	☐ leicht ☐ schwer, weil …	Ich kann eine französische E-Mail verstehen und beantworten	

Ecrire

2 Mon quartier et mes activités (zu SB S. 90, Nr. 7B)

A *Comment écrire une **lettre / une carte / un courriel?***
(Wie schreibt man einen Brief / eine Karte / eine E-Mail?)

Die Anrede: Danach steht ein Komma. →	Cher (+ Jungenname), / Chère (+ Mädchenname), Bonjour, / Bonjour (+ Vorname), Salut, / Salut (+ Vorname),
*Der Beginn: Man schreibt **groß** weiter!* →	**M**erci beaucoup pour ton courriel. …
Die Verabschiedung →	A bientôt, / Bises, / Salut, / A plus, (A+)
Der Name →	Laura / Ta copine Laura / Ton amie Laura Tim / Ton copain Tim / Ton ami Tim

B *Pour répondre au courriel de Valentin (Um auf Valentins E-Mail zu antworten)*

Kreuze an, was auf dich zutrifft:

Dans mon quartier,
Dans ma ville, *(In meiner Stadt)*
Dans mon village, *(In meinem Dorf)*
Là où j'habite,

il y a …

- ☐ mon collège
- ☐ une école
- ☐ un terrain de sport
- ☐ un gymnase
- ☐ une piscine
- ☐ un parc
- ☐ une bibliothèque
- ☐ des magasins
- ☐ des cafés
- ☐ un cinéma

Comme activité(s), je fais …

- ☐ de la natation (dans une piscine, …)
- ☐ du foot (dans un club, …)
- ☐ du roller (dans un parc, …)
- ☐ de l'athlétisme (au terrain de sport, …)
- ☐ de la gymnastique (dans un gymnase, …)
- ☐ du vélo
- ☐ du judo
- ☐ du sport
- ☐ de la guitare (dans l'école de musique, …)

Le week-end, …
Le samedi, …
Le dimanche, …
Le matin, …
A midi, …
L'après-midi, …
Le soir, …

- ☐ je regarde la télé
- ☐ je fais un tour avec mes amis
- ☐ je suis devant mon ordinateur
- ☐ je joue aux jeux vidéo
- ☐ je fais des jeux avec ma famille
- ☐ je vais au cinéma avec mes parents
- ☐ on va chez les grands-parents
- ☐ je fais de la guitare / du piano
- ☐ je prends des cours de musique

Hier kannst du sammeln, was sonst noch für dich wichtig ist:

Joue au détective. (Spiele Buchdetektiv.) Im Vokabular deines Buches auf S. 149 findest du noch mehr Hilfen. Die Wortschatzzusammenstellungen in deinem Vokabular sind nützlich, wenn du über etwas reden oder schreiben möchtest. Wo findest du im Vokabular Unité X z. B. Wörter zum Thema „Familie"? Diese Wörter stehen auf Seite ________.

Überprüfe, was du kannst!
geht so ← ● → klappt noch nicht
● → prima
Im Cahier darfst du die Ampel ankreuzen. Vergleiche deine Lösungen mit den Lösungen auf Seite 102.

Bilan

1 Parler et écrire (nach SB S. 91, Nr. 1)

Ich kann eine Wohnung (1) und den Weg (2) beschreiben. Ich kann Speisen und Getränke (3) bestellen.

Complète les mots.

1. Dans notre a _ _ _ _ _ _ _ _ _ _, il y a une e _ _ _ _ _,

un s _ _ _ _, deux c _ _ _ _ _ _ _, une c _ _ _ _ _ _,

une salle de b _ _ _ _ et des t _ _ _ _ _ _ _ _.

2. Pour arriver chez moi, va tout d _ _ _ _, tourne à g _ _ _ _ _ et

t _ _ _ _ _ _ _ la place. J'habite à d _ _ _ _ _.

3. Je prends trois g _ _ _ _ _ _, cinq c _ _ _ _ _,

un c _ _ _, une e _ _ minérale et un diabolo m _ _ _ _ _.

Eh oui! J'ai f _ _ _ et j'ai s _ _ _. Ça fait c _ _ _ _ _ _?

2 En forme (nach SB S. 91, Nr. 2)

A Ich kann **Aussagen über die Zukunft** machen und dabei das **Futur composé** verwenden.

1. Demain, je ____________ du foot; je ne ____________ la télé.

2. Demain, on ____________ du roller; on ____________ pas ____________ au cinéma.

B Ich kann die Präpositionen ***à*** und ***de*** zusammen mit dem **bestimmten Artikel** verwenden.

1. – Tu vas où? ________ cantine? – Non, je vais ________ CDI et après, ________ infirmerie.

Mais d'abord, je vais ________ toilettes.

2. – Tu fais ________ natation? – Non, je fais ________ foot et ________ athlétisme.

C Ich kann **Aufforderungen** aussprechen und dabei den **Imperativ** verwenden.

1. Tu vas à la piscine avec moi? – Oh oui, ____________ à la piscine ensemble!

2. Vous faites une copie des exercices? Non, ____________ ça!

3. Moustique, on joue ensemble? Viens! ____________ avec moi!

D Ich kann **Fragen** mit ***est-ce que*** stellen. Frage eine französische Freundin schriftlich, …

1. … ob sie einen Hund hat: ____________

2. … wo sie wohnt: ____________

3. … was sie Samstagmorgen macht: ____________

____

Lösungen findest du auf S. 102.

En plus: différenciation

Ecouter et lire

1 Chanson: Jean petit qui danse

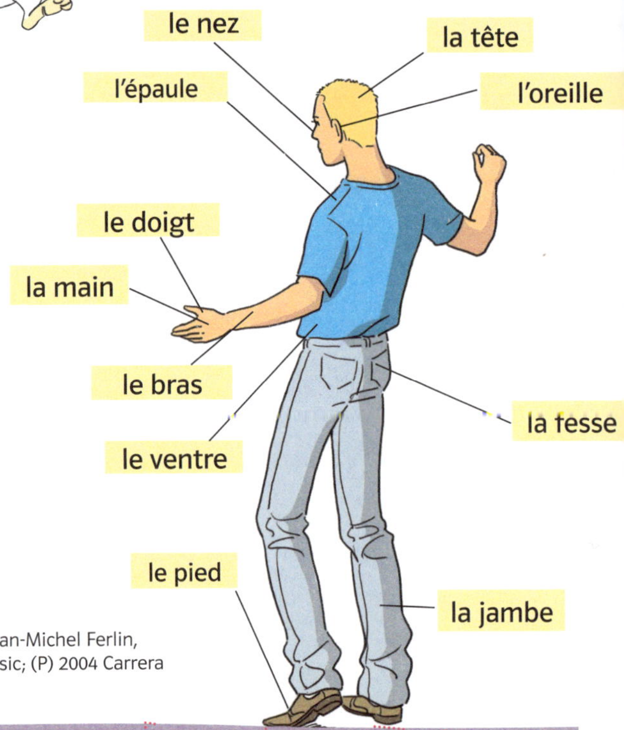

A ***Ecoute et lis la chanson.***

115 **B** ***Regarde «Jean petit» sur l'image.***
Colorie les parties du corps qui sont dans la chanson.
(Male die Körperteile an, die im Lied vorkommen.)

116 **C** ***Chantez et dansez ensemble.***
Du kannst in der Übungssoftware das Lied auch als Videoclip anschauen.

Üben interaktiv ay8x2i

Jean petit qui danse
Jean petit qui danse
De son bras, il danse
De son bras, il danse
De son bras, bras, bras
Et de sa main, main, main
Et de son doigt, doigt, doigt
Hé! Ainsi danse Jean petit

Jean petit qui danse
Jean petit qui danse
De son pied, il danse
De son pied, il danse
De son pied, pied, pied
Et de son bras, bras, bras
Et de sa main, main, main
Et de son doigt, doigt, doigt
Hé! Ainsi danse Jean petit

… De sa jambe, il danse
… De son ventre, il danse
… De son épaule, il danse
… de son épaule, paule, paule
… de sa fesse, fesse, fesse …

THEATRE

2 Nous faisons du théâtre.

Schreibt Szenen für kleine Theaterstücke, die ihr im Laufe des Jahres vor Publikum aufführt. Ihr könnt den Inhalt frei erfinden. Vielleicht gefällt euch aber auch die folgende Idee:

Mehr dazu qp5982

Samstag. Alex geht zum Judo, Lisa und Marie gehen in den Park, wo sie die Jungen treffen. Zum Fußballspielen hat Marie keine Lust, Lisa schlägt ein anderes Ballspiel vor. Aber zuerst will sie für alle Crêpes kaufen und nimmt Moustique mit zum Crêpestand. Während Lisa bezahlt, läuft Moustique unbemerkt einem kleinen Hund hinterher. Als Lisa sein Verschwinden bemerkt, fragt sie verzweifelt Passanten nach dem Hund und ruft schließlich Marie auf dem Handy an. Alle machen sich auf die Suche. Die Besitzerin des kleinen Hundes bringt währenddessen Moustique verärgert zum Crêpestand zurück. Dort finden ihn dann auch Lisa und die anderen.

Unité 6

On fait la fête!

Découvertes

Vis-à-vis **1** **La tour Eiffel** (nach SB S. 92)

A *Du interessierst dich für den Eiffelturm. Im Internet findest du folgende Infobox. Lis le document.*

Vis-à-vis

Bei Dunkelheit funkelt der Eiffelturm wunderschön. Er gilt heute als Wahrzeichen von Paris und sogar von ganz Frankreich. Dabei fanden ihn viele Franzosen, als er für die Weltausstellung 1889 in Paris gebaut wurde, ziemlich hässlich und wollten ihn gleich wieder abreißen.
Kennst du ein Gebäude in deinem Land, das eine ähnlich große Bedeutung hat?

Constructeur:	Gustave Eiffel
Quelques chiffres	
Hauteur:	312 m
Nombre de marches:	1665
Poids total:	10 100 tonnes
Nombre de personnes qui travaillent sur la tour:	620
Nombre d'ampoules:	20 000
La peinture	
On peint* la tour tous les 7 ans. Pour cela, on a besoin de 25 peintres et de 60 tonnes de peinture pendant 15 à 18 mois.	

Was hast du erfahren? Ecris les informations ici.

Der Eiffelturm hat ____________ Stufen. Er ist ____________ Meter hoch und wiegt ______________ Tonnen.

Um ihn funkeln zu lassen, braucht man ______________ Birnen. Auf dem Eiffelturm arbeiten ____________

Menschen. Er wird alle _______ Jahre gestrichen. Dazu brauchen _______ Maler, _______ Tonnen Farbe und

______________ Monate. Der Eiffelturm ist nach seinem Erbauer ________________________________

benannt.

B *Findest du auch folgende Infos heraus? Cherche sur Internet. (Travaillez à deux.) Wann hat der Erbauer vom Eiffelturm gelebt.*

Er hat von ____________ bis ____________ gelebt.

An welchen anderen Gebäuden/Konstruktionen war er beteiligt? Berichte in der Klasse.

*__on peint:__ *man streicht/malt … an*

Atelier A

Approche

2 Le passé composé (nach SB S. 93, Nr. 2)

Im Text auf S. 91 deines Buches hast du einige Formen des Passé composé kennen gelernt. Schaffst du es schon, die folgende Tabelle zu füllen? Complète le tableau.

Infinitif	Présent	Passé composé
Exemple: **ranger**	**il range**	**il** a rangé
poser	**je** ______	**j'** ______
______	**tu discutes**	**tu** ______
______	**elle** ______	**elle a téléphoné**
faire	**nous** ______	**nous** ______
______	**vous parlez**	**vous** ______
______	**ils** ______	**ils ont regardé**
écouter	**j'** ______	**j'** ______

Mediation

3 Das Wichtigste herausfinden (nach SB S. 95, Nr. 6)

STRATEGIE

Manchmal fragt dich deine Mutter oder dein Vater vielleicht:
„Worum geht es eigentlich in diesem Text aus deinem Französischbuch?"
Sie erwarten dann keinen Roman von dir, sondern einfach, dass du ihr / ihm das Wichtigste sagst.
Das Wichtigste steckt meist in den Schlüsselwörtern (mots-clés) eines Textes.

A *Stell dir vor, deine Eltern stellen dir die Frage zum Text „Taxi!" auf S. 77 deines Buches. Welche der folgenden Wörter oder Ausdrücke sind deiner Meinung nach für den Text wichtig? Kreuze die richtige Antwort an.*

1. *Welche Wörter / Ausdrücke beschreiben Alex' Situation?*

Alex – passer la nuit – chez Marie ☐ oder **Alex – poser – l'entrée** ☐

2. *Welche Wörter / Ausdrücke beschreiben Alex' Wunsch?*

demain soir – affaires de judo – ma puce ☐ oder **Papa – le sac – la voiture** ☐

3. *Welche Wörter / Ausdrücke beschreiben die Reaktion des Vaters?*

comment? – ton taxi – mon sac ☐ oder **pas loin – porter ton sac – à pied** ☐

B *Wie würdet ihr eurer Mutter / eurem Vater den Text kurz auf Deutsch erzählen? Erprobt es zu zweit.*

En forme

4 Le mail de Lilou (G 22) (nach SB S. 96, Nr. 8)

→ En plus, Nr. 1 △

Dans un e-mail, Lilou raconte à sa copine Emma sa première journée à Paris.
Raconte au passé (composé). Erzähle in der Vergangenheit. (Im Passé composé.)

À:
Objekt: Paris

Salut Emma,

Hier, ma mère a cherché (chercher) son amie, Mme Chabane, dans la gare.

On ________ (regarder) à gauche et à droite, et enfin,

nous ________ (trouver) la famille Chabane!

Le soir, leurs filles Marie et Clara ________ (faire) une petite fête pour nous.

Marie ________ (faire) des crêpes. Moi, j' ________ (jouer) avec Moustique, leur chien,

et j' ________ (danser) avec Gabriel, le petit frère de Marie.

Et toi, qu'est-ce que tu ________ (fait) hier?

A bientôt! Bises, Lilou

P. S.: Mon copain Antoine n'a pas téléphoné (ne pas téléphoner) hier.

Alors, nous ________ (ne pas discuter) ensemble et

il ________ (ne pas raconter) où il passe ses vacances. C'est triste.

Et toi, tu ________ (ne pas regader) tes mails, hier?

Ecrire

5 Gabriel à la gare (G 22) (nach SB S. 96, Nr. 8)

Wie könnte Gabriel sein Erlebnis am Bahnhof erzählen?
Travaillez à deux. Regardez les images et racontez l'histoire au passé (composé).
Les mots à droite vont vous aider.

- hier – à la gare – écouter – trois chanteurs super
- d'abord – ils – chanter – puis – danser
- tout le monde – aimer – leur musique
- puis – chanter avec les chanteurs
- ils – ne pas aimer ça – quitter la gare

Commencez comme ça: **1.** Hier, à la gare, j'ai écouté trois … Continuez dans votre cahier.

En forme

6 Masculin ou féminin? (G 23) (nach SB S. 96, Nr. 9)

138 **A** *Höre die Sätze an. Wenn du ein Mädchen bist, dann stehst du bei den weiblichen Adjektiven auf, wenn du ein Junge bist, nur bei den männlichen. Du hörst den Text erst einmal ganz, damit du dich vorbereiten kannst. Maintenant, écoute les phrases.*

B *Du möchtest nun beschreiben, wie jemand oder etwas ist. Denke daran, dass sich das Adjektiv auch nach **être** verändert. Das ist anders als im Deutschen. Ecris en français. Attention à l'accord des adjectifs.*

Mehdi est content.
Alexandra est content**e**.
Mehdi et Léo sont content**s**.
Alexandra et Marie sont content**es**.

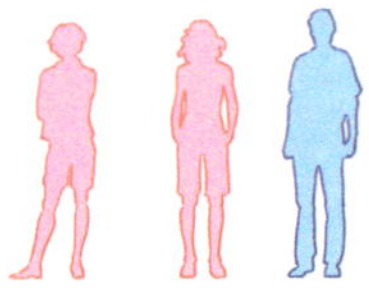

1. Marion und Manon sind groß. — Marion und Manon ______
2. Clément ist groß. — Clément ______
3. Louise und Antoine sind groß. — Louise et Antoine ______
4. Valentin und Romain sind klein. — Valentin et Romain ______
5. Sarah ist klein. — Sarah ______
6. Léa und Marie sind klein. — Léa et Marie ______

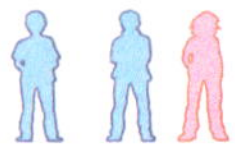

En forme

7 C'est ma classe. (G 23) (nach SB S. 96, Nr. 9)

Marie zeigt Lilou ein Foto ihrer Klasse.
Complète le texte.
Attention à la forme et à la place des adjectifs.
Setze die Adjektive in der richtigen Form an die richtige Stelle.

1. *Marie:* Voilà une bonne ______ photo ______ de ma classe. — bon
2. *Lilou:* Le ______ garçon ______ à droite, qui est-ce? — grand
3. *Marie:* C'est Paul. Il a une ______ sœur ______. C'est ma copine. — sympa
4. *Lilou:* Et la ______ fille ______ à gauche? — joli
5. *Marie:* C'est Léa. Oui, elle est ______ et vraiment ______. — joli, cool
6. *Lilou:* Est-ce que tu as des ______ profs ______? — bon
7. *Marie:* Oui. Ils donnent des ______ cours ______. — intéressant

Atelier B

En forme

8 mettre (G 25) (nach SB S. 97, Abschnitt 1)

Fais les mots croisés.

Horizontalement: 1. M. Chabane **?** sa voiture devant le magasin. **2.** Qu'est-ce que je vais **?** pour la fête? **3.** Clara et Marie, **?** les clés sur la table. **4.** Pour le bal, je **?** ma robe jaune.

Verticalement: 1. Gabriel, ne **?** pas toujours ton t-shirt sur mon lit! **4.** Les élèves **?** leurs cahiers dans leurs sacs.

Schreibe nun alle gelb unterlegten Buchstaben auf. Bringe sie in die richtige Reihenfolge, um das Lösungswort zu finden. (Es ist ein Verb. Den ersten Buchstaben musst du 2x verwenden.)

Lösungswort? _ _ _ _ _ _

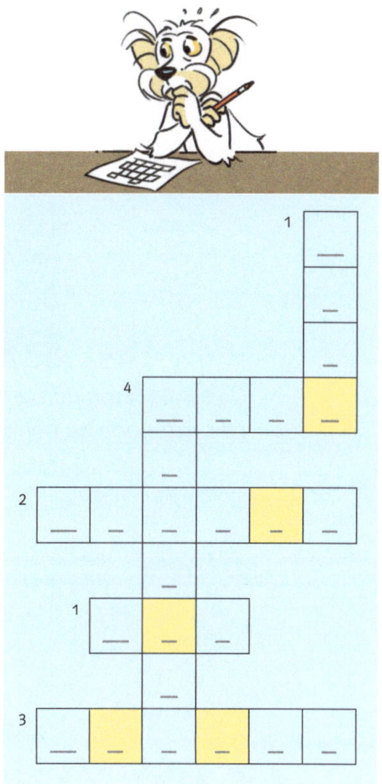

u de sons

9 [e] ou [ɛ]? (nach SB S. 99, Nr. 3)

139

A *Ecoute d'abord les mots. Puis classe les mots. (Sortiere die Wörter.)*

Schreibe die Nomen mit ihren Artikeln (un / une). Wo kannst du nachschlagen, wenn du dir nicht sicher bist?[1] *Und noch eine Entdeckerfrage: Ein Wort ist maskulin und feminin und enthält beide Laute [ɛ] und [e]. Schreibe dieses Wort mit beiden Artikeln auf den untersten langen Stein. Ein Stein in dem Stapel bleibt übrigens leer.*

[ɛ]	[e]
Avec	une idée

B *Dictée à deux. Seht die Wörter noch einmal gut an, sprecht sie mit leiser Stimme. Diktiert euch dann die Wörter und kontrolliert euch gegenseitig.*

1 In der Liste des mots in deinem Buch ab S. 192.

En forme

10 Toujours Gabriel! (G 24) (nach SB S. 99, Nr. 5)

Qu'est-ce qu'on demande toujours à Gabriel de faire? Complète les phrases avec les mots donnés.
Fais attention au bon ordre des mots dans la phrase et utilise la préposition «à» si nécessaire (wenn nötig).

1. Gabriel, donne ______
2. Ecoute ______
3. Aide ______
4. Raconte ______
5. Montre ______
6. Téléphone ______
7. Pose ______

la pomme | **chien** | **ton père** | **ta mère** | **filles** | **ton histoire** | **tes devoirs** | **ta sœur** | **ton oncle** | **Marie** | **tes questions**

STRATEGIE

Lerne die französischen Verben immer zusammen mit den Ergänzungen.
Im Vokabelteil steht z. B. **„donner qc à qn = jdm etw geben"**.
Das **„à qn"** zeigt dir, dass das Verb ein indirektes Objekt haben kann.

Jeu de mots

11 Vêtements et couleurs (G 23) (nach SB S. 100, Nr. 8)

→ En plus, Nr. 2 △, 4 △

Regarde les vêtements et les couleurs.
Qu'est-ce que tu aimes et qu'est-ce que tu n'aimes pas? Fais des phrases.

Exemple: J'aime **les baskets blanches**.
Je n'aime pas **les chemises vertes**.

J'aime …

1. … ______
2. … ______
3. … ______

Je n'aime pas…

1. … ______
2. … ______
3. … ______

°**un anorak:** [ɛ̃nɔrak]

Pratique: tâches

Lire
Médiation
Ecrire
Ecouter

12 Le 14 juillet à Paris (nach SB S. 102)

→ En plus S. 85, Nr. 3 △; S. 86, Nr. 5 △

In diesem Jahr möchten deine Eltern mit dir das große Feuerwerk besuchen, das am 14. Juli, dem französischen Nationalfeiertag, am Eiffelturm stattfindet.
(Du hast dich auf S. 74, Nr. 1 schon über den Eiffelturm informiert.) Nun sollst du herausfinden,

- *was ihr am 14. Juli in Paris unternehmen könnt,*
- *ob eure französischen Bekannten, die in Paris wohnen, Lust haben, mit euch gemeinsam das Feuerwerk anzuschauen. Wenn ja, sollst du ein Treffen ausmachen.*

A *Du surfst im Internet und findest folgende Ankündigung:*
Lis le document.

14 juillet: défilé, bal, concert, feu d'artifice et boutiques ouvertes

En ce jour de Fête nationale, un programme super à Paris!

- ▶ La fête commence à 10 h 30 avec le fameux défilé militaire sur les Champs-Elysées.
- ▶ Ensuite, vous pouvez assister à de nombreux bals dans toute la ville. Venez par exemple à 14 h 30 au Forum des Halles: le Funky Bal est un bal très sympathique.
- ▶ Plusieurs concerts sont organisés: le plus grand commence à 19 heures sous la tour Eiffel.
- ▶ Venez regarder le feu d'artifice près de la tour Eiffel: début 22 h 45 – fin 23 h 20.
- ▶ Attention: certaines boutiques sont ouvertes toute la journée du 14 juillet.

Du hast die Seite ausgedruckt und unterstreichst dir zunächst die wichtigsten Programmpunkte mit ihren Uhrzeiten.
Dann schreibst du auf Deutsch auf einen Zettel, wann was wo stattfindet.
So kannst du mit deinen Eltern besprechen, wohin ihr geht.
Ecris tes notes ici.

Wann?	Was?	Wo?
10 Uhr 30		Auf den
		Am
		Unter dem
		Neben dem

Besonderheit: ______________________

B *Du schreibst eine kurze E-Mail an deine Pariser Bekannten, Juliette und Paul.*
Du teilst mit, dass du mit ein paar Freunden den 14. Juli in Paris verbringen wirst.
Du fragst, ob sie mit euch das Feuerwerk anschauen möchten.

Ecris le mail ici.

De:
A: pauljuliette@wanadoo.fr
Objet:

____
____
____
____
____
____
____

140 **C** *Die Antwort eurer Bekannten ist auf dem Anrufbeantworter.*
Höre sie dir an. Wo trefft ihr euch? Und wann?

Ecoute le document. Coche la bonne réponse.

Vous avez rendez-vous

1. à 6 heures. ☐	à 16 heures. ☐	à 20 heures. ☐
2. sous la tour Eiffel. ☐	sur les Champs-Elysées. ☐	chez Juliette et Paul. ☐

D *Deine Eltern bitten dich, in einer SMS den Bekannten kurz Zeit und Ort des Treffens zu bestätigen.*

Ecris ton SMS ici.

____
____
____
____

PORTFOLIO

E *Am 15. Juli schreibst du einer französischen Freundin / einem französischen Freund aus Paris eine Karte. Schreibe auf Französisch, was ihr am 14. Juli in Paris gemacht habt. (Parade angeschaut, kleine Runde durch Montmartre gedreht, Feuerwerk mit Bekannten angeschaut, in einem Laden Jeans gefunden, …)*
Gestalte die Karte schön (Bild auf der Vorderseite; Briefmarke, Adresse, Text auf der Rückseite).
Du kannst diese Karte deinem Portfolio hinzufügen.

Überprüfe, was du kannst!
● → klappt noch nicht
geht so ← ●
● → prima
Im Cahier darfst du die Ampel ankreuzen. Vergleiche deine Lösungen mit den Lösungen auf Seite 102.

Bilan

1 Parler et écrire (nach SB S. 104, Nr. 1)

→ En plus, Nr. 1 △, 4 △

A Ich kann über Vergangenes berichten und dabei das **Passé composé** verwenden.
Wie würde Emma hier erzählen?

Hier soir, on a fêté *(fêter)* l'anniversaire de Lilou. D'abord, on ________________ *(donner)* nos cadeaux à Lilou. Puis elle ________________ *(souffler)* les bougies.

Après, nous ________________ *(écouter)* des CD et nous ________________ *(danser)*.

A la fin, les garçons ________________ *(faire)* un jeu, les filles ________________ *(ne pas jouer)* avec les garçons, elles ________________ *(discuter)* de leurs vêtements «cool».

Je ________________ *(ne pas aimer)* ça. Alors moi, j'________________ *(jouer)* avec le petit chien de Lilou.

B Ich kann sagen, was ich gern anziehe. Gabriel trifft einen Straßenkünstler.
Was zieht der Künstler gern an?

→ En plus, Nr. 2 △

J'aime mettre …

1. un chapeau bleu,
2. ________________
3. ________________
4. ________________ et
5. ________________

2 En forme (nach SB S. 104, Nr. 3)

Ich kann Sätze mit der richtigen Wortstellung bilden.

1. des questions | pose | Abdel | à Clara | A la récréation,

A la récréation, Abdel pose des questions à Clara.

2. raconte | Clara | Dans la cour, | à son copain | l'histoire

____

3. à Marie: | Hier, | Noah | «Tu danses avec moi?» | a demandé

____

4. une petite danse | au frère | a montré | Marie | de Noah

____

Lösungen findest du auf S. 102.

En plus: différenciation

En forme

1 Le présent, le futur composé, le passé composé

△ *Alex pose des questions à Lilou. Ecris les réponses de Lilou avec les mêmes verbes. Attention au temps. (Verwende die gleichen Verben und achte auf die Zeit.)*

1. – Tu vas regarder le feu d'artifice le 14 juillet? – Oui, je ______________ le feu d'artifice.

2. – Ta mère et toi, vous allez aussi visiter Euro-Disney? – Non, nous n'______________ Euro-Disney.

3. – Qu'est-ce que Marie et Clara ont fait hier? – Elles ______________ du sport.

4. – Elles ont aussi joué avec Moustique? – Non, elles ______________ avec Moustique.

Il ______________ avec moi.

5. – Tu aimes le sport? – Non, je ______________ le sport.

6. – Mais tu aimes Moustique? – Oui, j'______________ beaucoup Moustique.

En forme

2 Les adjectifs

△ *Complète le texte. Attention à la forme et à la place des adjectifs.*

1. Marie est contente ______ de son collège. **2.** C'est un très ______________ collège ______________ avec des ______________ activités ______________ . **3.** Les camarades de classe de Marie sont ______________ . **4.** Elle trouve son prof d'allemand ______________ . **5.** Il porte toujours des ______________ vêtements ______________ : une ______________ chemise ______________ , un ______________ pantalon ______________ et des ______________ chaussures ______________ , ce sont les couleurs de l'Allemagne. **6.** Il a des ______________ idées ______________ , il donne des ______________ cours ______________ et il aime chanter des ______________ chansons ______________ avec ses élèves.

content grand
intéressant
sympa
super bizarre
noir rouge
jaune
bon
intéressant
allemand

Vis-à-vis

3 La Fête nationale

△ *Qu'est-ce que tu sais sur la Fête nationale? Coche les phrases justes. (Kreuze die richtigen Sätze an.) Corrige les phrases fausses dans ton cahier. (Korrigiere die falschen Sätze in deinem Heft.)*

1. La Fête nationale est le premier dimanche de janvier. ☐

2. C'est l'anniversaire de la Révolution française. ☐

3. Tout le monde travaille. ☐

4. Le soir, il y a des grands feux d'artifice. ☐

5. Les gens cherchent des cadeaux dans les rues. ☐

6. Il y a un défilé militaire à Paris. ☐

Ecrire

4 Le passé composé et les adjectifs

M. Pirou téléphone à Léo. Il dit:

– M. Schmidt, un ami invite notre famille. Nous allons passer un week-end à Berlin. Samedi, nous allons faire un tour en voiture pour visiter la ville. Le soir, les Schmidt vont préparer un repas pour nous. Je vais montrer des photos de Paris. Dimanche, nous allons faire une promenade sur le boulevard «Unter den Linden». On va passer deux jours à Berlin.

fantastique · bon · intéressant · grand · allemand · sympa · petit

Après les 2 jours à Berlin, Léo écrit dans son journal:

M. Schmidt, un ami allemand de mon père, a invité …

Continue dans ton cahier.
Verwende das Passé composé und versuche alle Adjektive, die rechts aufgeführt sind, in deinem Text zu verwenden. Hierfür gibt es mehrere Möglichkeiten.

outer et egarder

5 Une fête

Das Hördokument enthält viele Wörter, die du noch nicht kennst.
Aber du wirst feststellen, dass du trotzdem schon viel verstehst.

141 Ecoute le document. Coche les bonnes réponses.

1. Le document parle	de la Fête nationale. ☐	de la Fête de la musique. ☐	de la Fête des rois. ☐
2. Le journaliste parle	de Toulouse. ☐	de Paris. ☐	de Strasbourg. ☐
3. La jeune fille s'appelle	Amélie. ☐	Charlotte. ☐	Chantal. ☐
4. Le groupe préféré de la fille, c'est	Kyo. ☐	Zebda. ☐	Noir Désir. ☐

EATRE

6 Nous faisons du théâtre.

Schreibt Szenen für kleine Theaterstücke, die ihr im Laufe des Jahres vor Publikum aufführt. Ihr könnt den Inhalt frei erfinden.
Vielleicht gefällt euch aber auch die folgende Idee:

Mehr dazu dh682u

In einer Woche ist Nationalfeiertag! Marie und Lisa wollen zum Ball gehen, die Jungen möchten lieber skaten. Da hat Alex eine tolle Idee: Sie planen für den 14. Juli für die Kinder des Viertels ein eigenes Fest im Interclub. Lisa hat keine Zeit, bei der Vorbereitung zu helfen, stattdessen will sie Plakate malen. Doch keiner sagt ihr Bescheid, als beschlossen wird, dass das Fest schon am 13. und nicht am 14. stattfinden soll. Auf allen Plakaten steht das falsche Datum. Die Freunde sind am 13. im Interclub und warten vergeblich auf Lisa und weitere Gäste. Erst ein paar Jungen und Mädchen, die zufällig vorbeikommen, machen sie auf den Datumsfehler aufmerksam. Gemeinsam schaffen sie es, dass das Fest doch noch stattfindet.

Unité 7

Le Paris des touristes

Découvertes

Vis-à-vis **1** **Paris, toujours Paris!** (nach SB S. 106, Nr. 2)

In Paris gibt es viele Sehenswürdigkeiten. Zum Beispiel:

Le **Sacré-Cœur**, une grande église[1]

La **place de la Concorde**, une grande place à Paris

Les **Invalides**[2], avec le tombeau[3] de Napoléon[4]

Le **centre Georges-Pompidou**[5], un grand centre culturel

Poème

Paris bonjour,
Paris minuit,
Paris le jour,
Paris la nuit,
Paris amour,
Paris, et puis …
Paris toujours,
Toujours Paris!
(Marlène Cloßen)

Mais comment prononcer ces noms? (Aber wie spricht man diese Namen aus?)
Nichts leichter als das, wenn du weißt, wie ähnliche Wörter ausgesprochen werden!

Wie spricht man es aus?	Wenn ich es ausspreche, orientiere ich mich an …
Le Sacré-Cœur	
Sacr**é**	café
C**œur**	
Les **In**valides	
Le centre Georges-Pompidou	
Geor**ge**s	
P**om**pidou	
La place de la **Con**corde	

joli
content
caf**é**
domma**ge**
tomber
s**œur**
inviter

Maintenant, lis les noms à haute voix. (Lies nun die Namen laut.)

1 **une église** eine Kirche 2 **les Invalides** früher ein Heim für kriegsversehrte Soldaten 3 **un tombeau** ein Grabmal 4 **Napoléon** frz. Kaiser (1769–1821) 5 **Georges Pompidou** frz. Staatspräsident (1911–1974)

Atelier A

1 Chanson en images (nach SB S. 107, Nr. 1)

141 **A** *Ecoute bien la chanson et trouve les phrases qui correspondent aux dessins.*

refrain
Dans Paris à vélo on dépasse les autos
A vélo dans Paris on dépasse les taxis

Place des fêtes on roule au pas
Place Clichy on n'roule pas
La Bastille est assiégée
Et la République est en danger

[Refrain 2x]

L'agent voudrait se mettre au vert
L'Opéra rêve de grand air
A Cambronne on a des mots
Et à Austerlitz c'est Waterloo

[Refrain 4x]

La complainte de l'heure de pointe.
M: Chris Juwens, T: Carl-Verich Blecker, Leon Dean © Toledo Musik Produktions GmbH Berlin.

1.

____

____

2.

____

____

3.

____

____

2 Vocabulaire (nach SB S. 107, Nr. 2)

A *Complète les phrases.*

1. En français, je suis, une fête, en allemand ______________ en anglais ________________ .
2. En français je suis la République, en anglais ___________________ en allemand ___________________ .
3. En français je suis un danger, en anglais ___________________ mais en allemand ___________________ .

B Ecoute encore une fois la chanson et trouve mon sens, en allemand.

1. «L'agent voudrait se mettre au vert»: = eine grüne Uniform anziehen oui ☐ non ☐
   = ins Grüne ziehen oui ☐ non ☐
2. «L'Opéra rêve de grand air»: = träumt von frischer Luft oui ☐ non ☐
   = träumt von Opernliedern oui ☐ non ☐

Atelier B

Ecrire

1 M. Pirou fait des interviews. (nach SB S.108, Nr.1)

Welche Fragen hatte sich M. Pirou notiert, auf die er die folgenden Antworten bekommt?

1. Non, nous on n'est pas français.
2. Nous, on est de Magdeburg , en Allemagne.
3. Oh oui, nous aimons Paris.
4. Nous restons trois jours.

Note les questions de M. Pirou ici:

1. Vous êtes français? ___
2. ___
3. ___
4. ___

___

Welche Fragen könnte M. Pirou noch stellen? Note ici encore trois questions et trois réponses:

Question 1: ___

Réponse: ___

Question 2: ___

Réponse: ___

Question 3: ___

Réponse: ___

Jeu de mots

2 Sur la tour Eiffel (nach SB S.108)

Regarde la page 106 de ton livre.
Trouve les mots et expressions pour … (Finde die Wörter und Ausdrücke für …)

1. viele Touristen: ___
2. eine Aussicht über Paris: ___
3. eine Postkarte: ___
4. ein Andenkenladen: ___
5. es ist windig: ___
6. es schneit: ___

Ecouter et écrire

3 Quel temps fait-il? (nach SB S. 108, Nr. 2)

A *M. Pirou möchte die Interviews unter dem Eiffelturm bei schönem Wetter machen. Am Sonntag hört er den Wetterbericht im Radio.*

152

Ecoute et coche les bonnes cases.

dimanche	[X] 	[ ] 	[ ] 
lundi	[ ] 	[ ] 	[ ] 
mardi	[ ] 	[ ] 	[ ] 
mercredi	[ ] 	[ ] 	[ ] 

Quel jour est-ce que M. Pirou va faire ses interviews? Lundi, mardi ou mercredi?
(An welchem Tag wird Herr Pirou seine Interviews machen? Montag, Dienstag oder Mittwoch?)

M. Pirou va faire ses interviews ______________________

B *Erfinde nun selbst das Wetter für diese Tage:* *Attention! Il **fait** chaud!*

Jeudi, il fait ______________________________________.

Vendredi, il ______________________________________.

Samedi, ______________________________________.

En forme

4 Lire ou écrire? (G 26, 27) (nach oder statt SB S. 109, Nr. 3)

*M. Pirou fait une interview avec deux garçons. Complète le texte avec des formes de **«lire»** ou **«écrire»**.*

1. *M. Pirou:* Les touristes, à Paris, ils écrivent beaucoup de cartes postales.

2. Et vous? Vous ______________ encore des cartes postales à vos amis?

3. *Jérôme:* Non, mais nous ______________ des SMS ou des courriels.

4. *Valentin:* Mais j'ai une copine. Elle ______________ même des poèmes sur ses cartes postales.

5. J'aime ______________ ses poèmes.

6. *M. Pirou:* Moi, j'______________ aussi pour un journal. Vous ______________ des journaux?

7. *Jérôme:* Mes parents ______________ le journal, mais moi non. Je ______________ des BD.

Tiens! Un SMS de Louis …

Joue au détective. Kannst du Louis' Nachricht entziffern?

____

____

Atelier C

Jeu de mots

1 Les moyens de transport (nach oder statt SB S.111, Nr.3)

Où vont les gens et quel moyen de transport prennent-ils?
(Wo fahren die Leute hin und mit welchen Verkehrsmitteln?)

1. M. Pirou
▶ à Paris

2. Mme Pirou
▶ à Vienne

3. Mme Chabane
▶ à la Défense

4. M. Racine
▶ à l'Arc de triomphe

1. M. Pirou va à Paris en train.

2. ______________________________

3. ______________________________

4. ______________________________

5. Mme Mangin
▶ à Notre-Dame

6. M. Mangin
▶ à la gare de l'Est

7. Mme Latière
▶ au Louvre

8. M. Chabane
▶ à la station de métro

5. ______________________________

6. ______________________________

7. ______________________________

8. ______________________________

! Et Malou, il va à Paris comment?

Atelier D

es mots
s lettres

1 A vendre! (Zu verkaufen!) (nach SB S. 112, Nr. 1)

In Paris siehst du einen kleinen Aushang. Einige Wörter sind unleserlich geworden. Findest du heraus, um welche Wörter es sich handelt?
Ecris ces mots sur l'affiche.

A vendre

J'ai quelque c<u>hose</u>________ pour vous!

C'est __________ ! C'est moderne et

pr______________ . Tout le monde

ad____________ ça. Pl_________ de

problèmes pour aller d'un en__________ de la vi________ à un autre.

Plus de problèmes pour vi____________ Paris! Et ce n'est pas c________ !

50 euros! C'est mon v______________ ! Téléphoner au 06 10 85 13 18.

n forme

2 Lilou et Alex (G 28) (vor oder statt SB S. 113, Nr. 2)

Alex et Lilou discutent. Complète le dialogue.

1. *Lilou:* Tu as beaucoup de ____________ robes, Alexandra?
2. *Alex:* Non, je n'ai pas ______________________ robes.
   Mais j'ai ______________________ pantalons.
   Et puis, je m'appelle Alex! Et toi, tu as des pantalons?
3. *Lilou:* Moi, j'ai ______________________ pantalons.
   Tu as ______________________ chapeaux?
4. *Alex:* Quoi? Des chapeaux? Mais je ______________________ chapeaux!
5. *Lilou:* Et moi, je ______________________ anorak.
   J'ai donné mon anorak à une copine.
   Je déteste les anoraks. Et toi, Alexandra?
   Alex: Je m'appelle Alexxxxx!

n'ai pas de
combien de
n'ai plus d'
beaucoup de
peu de
beaucoup de

Parler

3 Ce n'est pas cher! (nach oder statt SB S. 113, Nr. 2)

Du bist in Paris. In einem Laden siehst du ein T-Shirt mit dem aufgedruckten Eiffelturm.
Du möchtest es gern als Andenken kaufen, nimmst es und gehst damit zur Verkäuferin / zum Verkäufer.
Einigt euch, wer welche Rolle übernimmt.
Knicke das Blatt an der gestrichelten Linie. Mit den eckigen Klammern könnt ihr euch kontrollieren.
Wechselt danach die Rollen. Jouez la scène.

Toi	La vendeuse / Le vendeur
1. Du begrüßt die Verkäuferin / den Verkäufer.	**1.** [Bonjour, madame / monsieur.]
2. [Bonjour. mademoiselle / monsieur]	**2.** Die Verkäuferin / Der Verkäufer begrüßt dich.
3. Du fragst, wie viel das T-Shirt kostet.	**3.** [Le t-shirt coûte combien?]
4. [Il n'est pas cher. Il coûte / fait 15 euros.]	**4.** Sie / Er sagt, es sei nicht teuer. Es kostet 15 Euro.
5. Du bist einverstanden. Du nimmst das T-Shirt. Du fragst, ob sie / er auch T-Shirts mit dem Arc de triomphe hat.	**5.** [D'accord. Je prends le t-shirt. Vous avez aussi des t-shirts avec l'Arc de triomphe?]
6. [Désolé(e). Je n'ai pas de t-shirts avec l'Arc de triomphe.]	**6.** Es tut ihr / ihm leid. Sie / Er hat keine T-Shirts mit dem Arc de triomphe.
7. Das findest du schade. Du bezahlst die 15 Euro für das T-Shirt und verabschiedest dich.	**7.** [C'est dommage. Voilà 15 euros. Au revoir, madame / monsieur.]
8. [Merci beaucoup. Au revoir et bonne journée!]	**8.** Sie / Er bedankt und verabschiedet sich. Sie / Er wünscht dir einen schönen Tag.

Ecouter

4 A la gare (vor SB S. 111, Nr. 3)

153

A *Avant l'écoute:*
Regarde l'image. Qui est-ce? Où sont les personnes? Qu'est-ce qui peut se passer? (Was kann passieren?)

B *Maintenant lis les phrases, écoute la scène*, puis coche la bonne réponse.*

1. Mme Chabane et Marie arrivent à la gare à	☐ 16 h 10.	☐ 16 h 20.	☐ 16 h 30.
2. Le TGV de Stuttgart arrive normalement à	☐ 16 h 27.	☐ 16 h 34.	☐ 16 h 47.
3. Le TGV est en retard. Il va arriver à	☐ 17 h 04.	☐ 17 h 14.	☐ 17 h 44.

*Une expression pour t'aider: le TGV en provenance de … = der TGV aus …

Atelier E

édiation

1 Fais l'interprète. (nach SB S. 114, Nr. 1)

Du bist mit deinen Eltern und deinem kleinen Bruder Daniel im Parc Astérix. Er ist 6 und sehr frech. Da kommt ein Mann im Astérix-Kostüm. Er möchte mit deinem Bruder sprechen. Hilf ihnen. Arbeitet zu dritt. Nur der Dolmetscher arbeitet ohne Heft. Wechselt nach einem Durchgang die Rollen.

Le grand huit

Le petit train

Astérix

1. Je fais des interviews avec nos petits visiteurs. Tu es d'accord?
3. Non, bien sûr. Tu as quel âge?
5. Euh, j'ai 53 ans. Voilà ma question: tu trouves le parc intéressant pour les petits enfants?
7. Merci pour ta réponse. Tu as raison. Tu ne fais pas encore 1 mètre 40. Pour toi, il y a le petit train.
9. Merci. Au revoir. Tu es vraiment sympa!

STRATEGIE

Beim Dolmetschen musst du nicht immer wörtlich übersetzen.

Daniel

2. Ja. Aber ich bin nicht klein.
4. Ich bin 6. Frag ihn, wie alt er ist.
6. Nein. Sag ihm auch warum. Ich bin traurig, weil ich zu klein für die Achterbahn bin.
8. Sag ihm, dass ich den kleinen Zug total blöd finde. Und tschüs!
10. Ha, ha!

n forme

2 Mehdi est bizarre! (G 29)

(nach oder statt SB S. 115, Nr. 3)

Complète le dialogue entre Mehdi et son père. Attention à l'apostrophe.

ne ... pas	nicht
ne ... plus	nicht mehr
ne ... rien	nichts

1. – Tu prends quelque chose? – Non, je ne prends rien.
2. – Tu es triste? – Non, ______
3. – Mais qu'est-ce que tu as? – Je ______
4. – Tu vas au judo aujourd'hui? – Non, ______
5. – Tu vas encore au judo avec Alex? – Non, ______
6. – Mais tu aimes encore le judo, non? – Non, ______
7. – Pourquoi? Raconte quelque chose. – Non, ______

Pourquoi est-ce que Mehdi ne va plus au judo? Tu as une idée?

______

Die Lösungen findest du auf S. 103.

Bilan

1 Parler et écrire (vor oder nach SB S. 116)

Ich kann schon …

1. … fragen, wie das Wetter ist. ____________________
2. … sagen, dass es kalt ist. ____________________
3. … sagen, dass es warm ist. ____________________
4. … sagen, dass das Wetter schlecht ist. ____________________
5. … sagen, dass das Wetter schön ist. ____________________
6. … sagen, dass es regnet. ____________________
7. … sagen, dass es schneit. ____________________
8. … sagen, dass es windig ist. ____________________
9. … ausdrücken, dass dir etwas leidtut. ____________________
10. … ausdrücken, dass du müde bist. ____________________
11. … sagen, dass du viele SMS, ____________________
    aber wenig Postkarten schreibst. ____________________
12. … sagen, dass du mit dem Bus zur Schule fährst. ____________________

Denke an die Angleichung, wenn du ein Mädchen bist!

En plus

THEATRE

1 Nous faisons du théâtre.

Schreibt Szenen für kleine Theaterstücke,
die ihr im Laufe des Jahres vor einem Publikum aufführt.
Ihr könnt den Inhalt frei erfinden.
Vielleicht gefällt euch aber auch die folgende Idee:

Mehr dazu fp9tb3

Sommerferien: Die Freunde sind bei Lisa, die am nächsten Tag für sechs Wochen nach Deutschland fahren will. Für ihre Freunde dort braucht sie noch Fotos von Paris und schlägt vor, zum Fotografieren einen Stadtrundgang zu machen und den Louvre zu besuchen. Doch es regnet, Mehdi und Marie haben keine Lust raus zu gehen, und Jérôme möchte lieber zum Flohmarkt. Da hat Marie die Idee für ein Spiel, bei dem Lisa ganz besondere Paris-Fotos machen kann: Sie stellen abwechselnd Pariser Sehenswürdigkeiten nach, und die anderen müssen erraten, was es ist. Am nächsten Tag versammeln sich alle Theaterakteure am Bahnhof, um Lisa zu verabschieden. Für Lisa ist klar, sie kommt wieder zurück nach Frankreich!

En plus: différenciation

«La Joconde» est un tableau.

Lire

2 Où est la Joconde?

A *Avant la lecture:*

1. En allemand, il y a un autre nom pour «La Joconde». Elle s'appelle comment?
2. «La Joconde» est dans un très grand musée. Est-ce que tu sais où?
3. Dans l'histoire, un inspecteur va jouer un rôle important. Pourquoi? Tu as une idée?

B *Lis l'histoire.*

Aujourd'hui, l'inspecteur Farfouille ne travaille pas. Alors il va au Louvre. Mais là, il ne regarde pas les tableaux, il regarde les touristes. Il aime imaginer leur histoire: «Où est-ce qu'ils habitent? Qu'est-ce qu'ils font? Pourquoi est-ce qu'ils sont au musée?» L'inspecteur Farfouille aime aller dans la salle de la Joconde parce que là, il y a toujours beaucoup de touristes.

Mais aujourd'hui, CATASTROPHE: la Joconde n'est plus là. Alors, où est la Joconde?

Un voleur peut-être? Ou est-ce que la Joconde est dans un autre musée? L'inspecteur ne sait pas.

OÙ EST LA JOCONDE?

Il regarde dans la cour du Louvre ... et là, il y a un type avec un paquet. Et le paquet est grand comme le tableau de la Joconde! Vite, l'inspecteur quitte le Louvre et va dans la cour.

Voilà le voleur avec le paquet! Il va à la station de métro Palais-Royal et il entre dans le métro. L'inspecteur prend aussi le métro. Il reste toujours derrière le voleur même quand le voleur quitte le métro à la station Saint-Paul.

Le type entre dans une maison, 52 rue des Rosiers. «Intéressant ... Mais qu'est-ce que je fais, maintenant? Je suis inspecteur, d'accord, mais aujourd'hui, je ne travaille pas. Bon, je vais au Louvre et je vais parler au directeur ...»

Inspecteur: Bonjour M. le Directeur. Je sais où est la Joconde.
Directeur: Et alors?
Inspecteur: Elle est au 52 rue des Rosiers, métro Saint-Paul.
Directeur: Comment ça?
Inspecteur: C'est l'adresse du voleur!
Directeur: Un voleur? Mais la Joconde est ici, au Louvre, monsieur!
Inspecteur: Mais non, elle n'est pas dans la salle!
Directeur: Mais monsieur, nous allons regarder ensemble. Je sais où est le problème: le tableau est dans une autre salle.

(D'après: Marie Gauvillé / Laurent Jouvet: Les copains du quartier Bastille, © Ernst Klett Verlag)

C *Après la lecture:*

△ 1. Joue au détective. Le mot allemand pour «voleur», c'est ________________.

△ 2. Coche la bonne réponse.

La Joconde est ☐ 52 rue des Rosiers. ☐ au métro Saint-Paul. ☐ au Louvre.

▲ 3. Est-ce que l'inspecteur a trouvé le voleur? Pourquoi? / Pourquoi pas?

____

____

PORTFOLIO

Das kann ich schon! (nach Unités 5 – 7)

Selbsteinschätzung: Kreuze an, wie deine Ampel steht (linke Ampel).
Wenn du unsicher bist, wiederhole die Übungen, die in der rechten Spalte angegeben sind.

Partnereinschätzung: Ihr könnt euch auch gegenseitig einschätzen (rechte Ampel).

Selbsteinschätzung am: ____________ *Datum*   Partnereinschätzung am: ____________ *Datum*

Parler / Ecouter / Ecrire / Lire / Médiation

Sich auf Französisch verständigen	Selbst	Übungen	Partner
Ich kann von meinen Hobbys erzählen und sagen, wann und wo ich sie ausübe. Ich kann jemanden danach fragen.		SB S. 84, Nr. 7 CdA S. 70, Nr. 2B	
Ich kann beschreiben, wo etwas in einer Wohnung steht.		SB S. 89, Nr. 5 CdA S. 64, Nr. 4	
Ich kann jemanden nach dem Weg fragen, eine Wegbeschreibung verstehen und jemandem eine kurze Wegbeschreibung geben.		SB S. 82, Nr. 2 CdA S. 66, Nr. 8	
Ich kann etwas zu essen und zu trinken bestellen und den Preis erfragen.		SB S. 86, Nr. 5 CdA S. 68, Nr. 13	
Ich kann ein einfaches Einkaufsgespräch führen.		SB S. 113, Nr. 2 CdA S. 90, Nr. 3	
Ich kann die Kleidung von Personen in einfacher Weise beschreiben.		SB S. 100, Nr. 8 CdA S. 78, Nr. 11	
Ich kann eine einfache französische E-Mail / SMS / Postkarte verstehen und schreiben.		SB S. 90, Nr. 7 CdA S. 70, Nr. 2A	
Ich kann eine einfache Wettervorhersage verstehen und selbst sagen, wie das Wetter ist.		SB S. 108, Nr. 2 CdA S. 87, Nr. 3	
Médiation: Ich kann die wichtigsten Informationen eines Veranstaltungsprogramms in der jeweils anderen Sprache zusammenfassen.		SB S. 88, Nr. 3 CdA S.79, Nr. 12A	

Vis-à-vis

Hier und dort	Selbst	Übungen	Partner
Ich kenne einige französische Feste und kann sie mit mir vertrauten Festen vergleichen.		SB S. 102, Nr. 1	
Ich kann einige Sehenswürdigkeiten in Paris nennen, sie kurz beschreiben und über öffentliche Verkehrsmittel in Paris informieren.		SB S. 106 SB S. 110, Nr. 2 CdA S. 84, Nr. 1 CdA S. 88, Nr. 1	

Stratégie

Gewusst, wie …	Selbst	Übungen	Partner
Ich kann in einem Text erkennen, welche Wörter wichtig sind („Schlüsselwörter"), und mit ihrer Hilfe die wichtigsten Informationen des Textes verstehen.		SB S. 95, Nr. 6 CdA S. 74, Nr. 3	
Ich kann neue Wörter weitgehend richtig aussprechen, wenn ich sie mit ähnlichen, mir schon bekannten Wörtern vergleiche.		SB S. 107, Nr. 2 CdA S. 84, Nr. 1	

Wo hast du die grüne Ampel angekreuzt? Übertrage diese Einträge auf das Poster am Ende des „Cahier".

Révisions (nach Unités 5–7)

STRATEGIE

Trouve les fautes. (Finde die Fehler!)
Wer etwas aufschreibt, möchte etwas sagen und achtet dabei natürlich vor allem auf den Inhalt. Dabei schleichen sich leicht Fehler ein. Die müssen aber nicht stehen bleiben!
Bevor du etwas Geschriebenes verschickst oder abgibst, lies es noch einmal sorgfältig durch. Wenn du auf die folgenden Punkte achtest, kannst du viele typische Fehler vermeiden.

1. **S**timmen die **Verb-Endungen** mit der Person überein? — ***tu*** *aim**es**,* ***vous*** *regard**ez**,* ***elles*** *lis**ent***
2. **U**nd hast du auch sonst an die **Angleichung** gedacht? — *le**s** crêpe**s**, de**s** basket**s** bleu**es***
3. **P**assen die **Possessivbegleiter**? — *Elle regarde **son** frère. Ils cherchent **leurs** amis.*
4. **E**rscheinen die **Verneinungswörter** am richtigen Ort? — *Il **ne** fait **pas** beau. Elle **n'**a **pas** travaillé.*
5. **R**ichtig gesetzt: **Apostroph, Akzent** und **Cédille**? — *la m**è**re, int**é**ressant, **l'**affiche de la f**ê**te, c'est **ç**a.*

Schau dir die folgenden Sätze genau an.
In jedem Satz steckt ein Fehler.
Kreise ihn ein und schreibe die richtige Form daneben.

1. a) Marie, où est-ce que tu va ? — vas
b) Vous habiter à Paris, M. Pirou?
c) Delphine et Lilou joue avec Moustique.

2. a) Les fille de ma classe vont au cinéma.
b) N'oubliez pas vos affaire dans le gymnase.
c) Au marché aux puces, tu trouves des joli choses.

3. a) Le père d'Alex prend son voiture.
b) Le garçon au stand, c'est ta frère, Clara?
c) Léo et son père ne trouvent pas leur tickets de métro.

4. a) Aujourd'hui, je travaille pas.
b) Marie et Clara vont ne pas danser avec un petit garçon.
c) Jérôme n'a fait pas ses devoirs.

5. a) Il faut deja aller au lit? Oh non, il ne est pas encore minuit.
b) Ou est mon pere? Il n'est plus la.
c) Ca va? Le cinema est tres cher, non?

Bei Nr. 5 stecken in jedem Satz sogar drei Fehler! Ergänze die fehlenden Zeichen.

Lösungen und Tipps findest du auf den Seiten 103 und 104.

On prépare le DELF (nach Unités 5 – 7)

Mit dem DELF-Zeugnis hast du einen Trumpf in der Hand!
Mit den folgenden Übungen kannst du trainieren.

Mini-DELF-Prüfung	

1 Compréhension de l'oral

157 **A** *Lisez d'abord les questions, écoutez le document, puis répondez aux questions.*

1. Qu'est-ce que Romain a cherché? ☐  ☐  ☐ 
2. Qui est avec Romain? ☐ Aline ☐ Léo ☐ Mélanie
3. Léo va arriver à ☐ 18 heures. ☐ 19 heures. ☐ 20 heures.

158 **B** *Lisez d'abord les questions, écoutez les deux scènes, puis répondez aux questions.*

Scène n° 1 – C'est …	☐ dans un club de judo.	☐ dans un club de danse.	☐ dans un club de foot.
Scène n° 2 – C'est …	☐ au collège.	☐ chez des copains.	☐ au restaurant.

Aufgabe 1 A	
mögl. Punkte	deine Punkte
1	
1	
2	
Aufgabe 1 B	
2	
2	
8 *Summe*	

2 Compréhension des écrits

Vous cherchez un livre pour un(e) ami(e). Voici des idées:

Livre 1: Bande dessinée super. Paris: Jardin des Plantes. Dans le zoo, il y a une personne bizarre. Qui est-ce? Qu'est-ce qu'elle fait? Et pourquoi? Mystère …

Livre 2: Simple a 22 ans, mais il est comme un garçon de 3 ans. Son frère, c'est Kléber. Il a 17 ans. Ils habitent ensemble. C'est compliqué, mais Kléber aime son frère.

Livre 3: Quentin et ses copains aiment le sport, mais ils détestent leur prof de sport. Alors un jour, ils …

Livre 4: Malik habite dans un village au Sénégal avec sa mère. Son père habite à Paris pour travailler. Un jour, la famille va à Paris pour retrouver le père …

Ecrivez le numéro du livre.

	Numéro du livre:
1. Votre ami(e) aime l'Afrique.	______
2. Votre ami(e) aime les BD.	______
3. Votre ami(e) aime les histoires de frères et sœurs.	______
4. Votre ami(e) aime le sport.	______

Aufgabe 2	
mögl. Punkte	deine Punkte
2	
2	
2	
2	
8 *Summe*	

Moi, ma famille, mes animaux

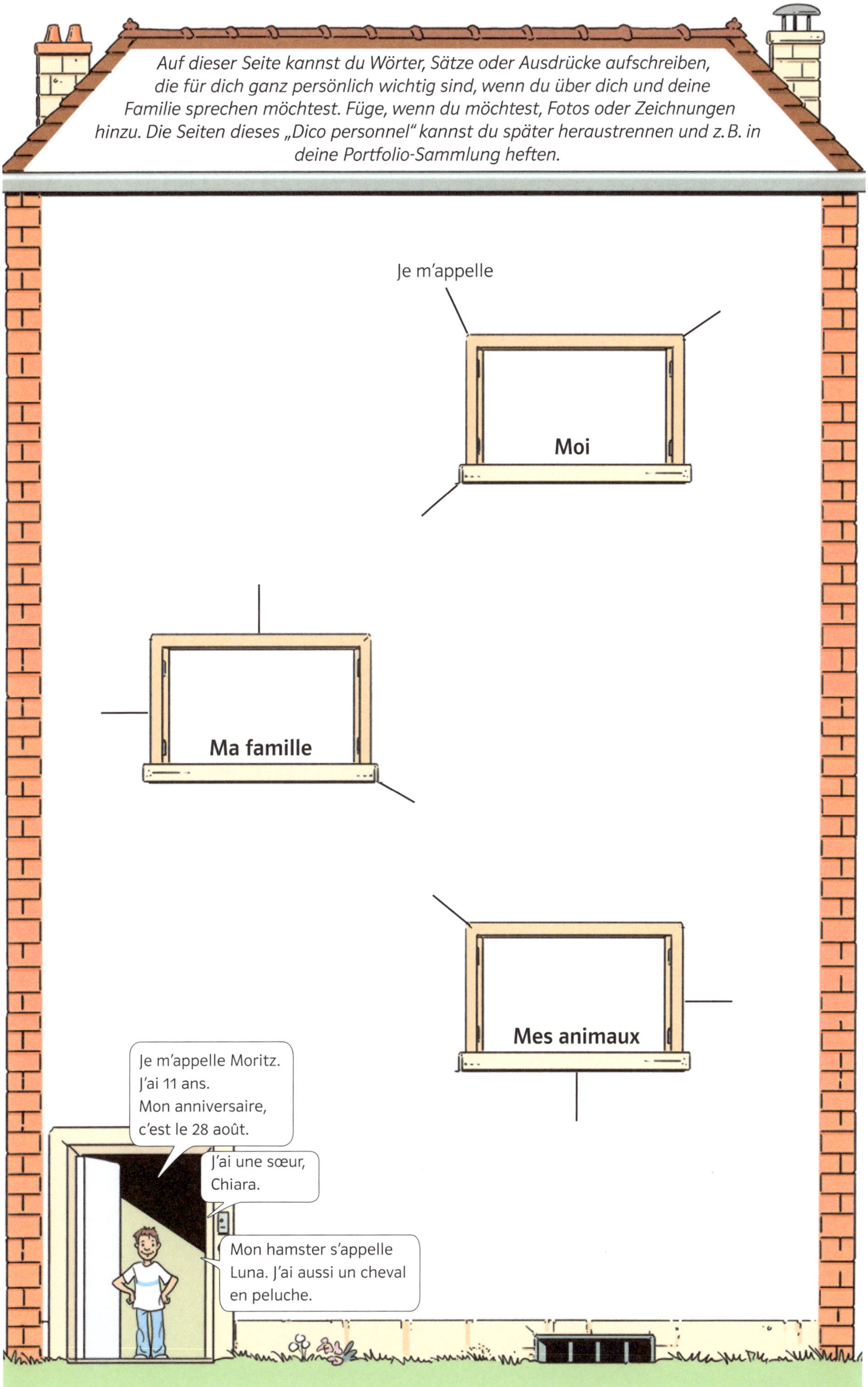

Mes copains et mes copines

Auf dieser Seite kannst du aufschreiben, was für dich ganz persönlich wichtig ist, wenn du über deine Freunde oder Freundinnen sprechen möchtest. Klebe Fotos oder Zeichnungen ein.

1. Mon meilleur ami / Ma meilleure amie *(Mein bester Freund / Meine beste Freundin)*:

Nom: ____________________

Age: ____________________

Il / Elle aime ____________________

Il / Elle déteste ____________________

J'aime bien mon copain / ma copine parce que / qu' ____________________

2. *Trage hier weitere Wörter oder Ausdrücke ein, die dir wichtig sind, wenn du über deine Freundinnen / Freunde sprichst.*

il / elle habite … 

son numéro de téléphone, c'est le … 
son anniversaire, c'est le … 

son adresse e-mail, c'est … @ **c'est un / une camarade de classe** **il / elle a les cheveux blonds** 

A l'école

Auf dieser Seite kannst du einiges aufschreiben, das sich auf das Thema „Schule" bezieht.

mon école

Voilà mon école.
Elle s'appelle

____

____

mon école

Mes matières préférées sont ______________________

____

____

____

le dessin
la physique
l'allemand
la biologie
la géographie
la musique
le français
l'histoire
l'anglais
le sport
...
les maths

mon cartable

mon cartable à roulettes

mon sac à dos

Dans mon ______________________________, il y a

des livres, ______________________________

____

____

Zeichne hier den Inhalt deines Mäppchens.

Dans ma trousse, il y a des crayons, ______________________

____

____

____

Welche Wörter / Ausdrücke sind dir noch wichtig, wenn du über die Schule sprechen möchtest?

____

____

____

____

____

____

Mon dico personnel

Mes loisirs

Auf dieser Seite kannst du aufschreiben, was für dich ganz persönlich wichtig ist, wenn du über deine Freizeit sprechen möchtest. Du kannst Zeichnungen oder Fotos hinzufügen.

Le sport: Je fais du foot / de l'athlétisme / de la natation / … Je regarde des matchs de handball / …

La musique / Le dessin: J'écoute des CD / Je fais du piano / Je joue de la flûte / Je fais du dessin / J'aime bricoler / …

Avec mes copains ou copines, je fais un tour dans le quartier / …

Quand je suis seul(e), je lis un livre / …

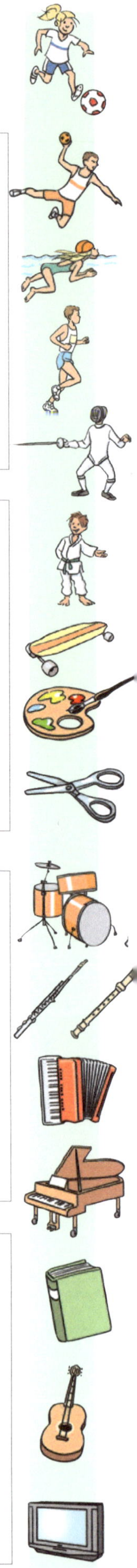

Im Internet findest du weitere Materialien zu deinem Dico personnel.

3 Production écrite

Un(e) ami(e) français(e) va passer 10 jours chez vous.
Vous écrivez à votre ami(e). Vous parlez de votre famille, et de votre maison ou appartement. (50 mots environ)

Anrede

famille

appartement/ maison

Grußformel

Aufgabe 3	mögl. Punkte	deine Punkte
Anrede	1	
famille	3	
appartement/maison	3	
Grußformel	1	
Summe	8	

4 Production orale

A *L'examinateur pose des questions et vous répondez. (1 minute environ)*

1. Tu t'appelles comment? Tu as quel âge?
2. Présente les personnes de ta famille.
3. Ton école est loin de chez toi? Comment est-ce que tu vas à l'école?
4. Qu'est-ce que tu fais après l'école?

Deine Partnerin / Dein Partner spielt den Prüfer (l'examinateur) und vergibt die Punkte.

B *Vous êtes en France. Vous cherchez un t-shirt avec la tour Eiffel ou avec le Louvre. Vous allez dans un magasin. Vous parlez avec une vendeuse / un vendeur. (2 minutes environ)*

Deine Partnerin / Dein Partner spielt die Verkäuferin / den Verkäufer und vergibt auch die Punkte.

Aufgabe 4 A	mögl. Punkte	deine Punkte
1.	1	
2.	1	
3.	1	
4.	1	
Aufgabe 4 B	4	
Summe	8	
Gesamtsumme	32	

Auswertung:

1. Habe ich bei jedem der vier Aufgabenteile wenigstens 2 Punkte erreicht? ☐ Ja ☐ Nein
2. Habe ich insgesamt 16 oder mehr als 16 Punkte? ☐ Ja ☐ Nein

Zweimal „Ja"? Prima! Du hast bestanden.

Lösungen und Lösungsvorschläge

Mit dem Lösungsteil hast du die Gelegenheit, SOFORT zu erkennen, ob du die richtige Lösung gefunden hast. Du kannst selbst kontrollieren. Damit du eigene Fehler erkennst, vergleiche sorgfältig, schaue sehr genau hin und unterstreiche die Fehler, die du gemacht hast, mit einem roten Stift. Benutze für deine Verbesserungen eine andere Farbe. So kannst du dir später immer noch einmal klar machen, welche Fehler dir unterlaufen sind. Denn auch aus Fehlern lernt man natürlich.

Bienvenue!, S. 2, 3

1. appartement, 2. pardon!, 3. dessert, 4. souvenir, 5. première, 6. étage, 7. atelier, 8. Grand prix, 9. malheur, 10. courage, 11. branche, 12. rendez-vous, 13. gourmet, 14. trottoir, 15. visage, 16. crêpe, 17. merci, 18. mon chéri, 19. orange, 20. baguette, 21. chanson, 22. croissant

Unité 1

Unité 1, Bilan 1, S. 16

Bonjour. Ça va bien? Je m'appelle Léo. Je suis de Paris. Voilà Marie, une copine. Elle est aussi de Paris. Et voilà Malabar. Viens vite Malabar! Ah, il est fantastique! Au revoir.

Unité 1, Bilan 1, S. 16

1. **b**; 2. **a**.

Unité 1, Bilan 3, S. 16

1. **b**; 2. **Begrüßung**

Unité 1, Bilan 4, S. 16

A: Voilà 1. un chat, 2. une fille, 3. un garçon, 4. une dame et 5. un monsieur.

B: 1. – Tu es Marie? 2. – Non, moi c' est Laila. 3. – Tu es de Toulouse? 4. – Non, je suis de Strasbourg. 5. – Clément est de Brest? 6. – Non, il est est de Nice. Et moi, je suis de Paris.

Tipp: Wenn du nicht sicher bist, schreibe mit dem Bleistift. Ausradieren und korrigieren geht leicht.

Unité 1, En plus 2, S. 17

Nomen: **chien, copine, chat, garçon;**
Verben: **viens, suis, es, être;**
Personalpronomen: **il, elle, tu, je;**
Artikel: **un, une.**

Unité 1, En plus 5, S. 18

1. **Hunde aus einem Tierheim aufzunehmen.** Das Wort „adopter" gibt es als Fremdwort auch im Deutschen: adoptieren. „Jdn. adoptieren = jdn. aufnehmen".
2. **Tage der offenen Tür im Tierheim.** Das Wort „journée" enthält das Wort „jour", bekannt aus „Bonjour" = „Guten Tag".
3. **Die Adresse des Tierheims**

Unité 2

Unité 2, Bilan 1, S. 29

– Tu t'appelles comment?
– Je m'appelle Fatou.
– Tu habites où?
– J'habite à Lyon.
– Tu aimes le rock?
– Je déteste le rock.

Unité 2, Bilan 2, S. 29

Name der Person: **Marion;**
Name der Straße: **rue Brunel.**
Name des Klubs: **Les Batignolles de l'aurore.**

Unité 2, Bilan 3, S. 29

A: Le chat Malou entre dans la maison de la presse. Il cherche Moustique, l'ami de Malabar.

B: 1. Vous êtes de Bonn? 2. Non, nous sommes de Berlin. 3. Et là, qui est-ce? 4. Isabelle et Florian. Ils sont super! 5. Je suis le copain de Florian.

C: 1. Tu habites à Nice? – Oui, j'habite à Nice. 2. Marie et Fanny travaillent? – Non, elles regardent une BD. 3. Vous entrez? – Oui, nous entrons. On arrive.

Tipp: Wenn dir ein Wort besonders kompliziert erscheint, lege das Lineal unter diese Textstelle. Überprüfe mit dem Zeigefinger oder mit dem Bleistift Buchstabe für Buchstabe die Rechtschreibung.

Unité 2, En plus 3, S. 29
1. Je suis de Paris. 2. Attention! J'arrive! 3. Je regarde une BD. 4. Julie est à l'école avec moi. 5. Tu es d'ici? 6. C'est la maison de Léo. 7. J'habite à Nice. 8. Qu'est-ce que c'est?

Unité 2, En plus 4, S. 30
1. **10 rue Berthier;** 2. **S.P.A.;** 3. **récompense.**

Unité 2, En plus 5, S. 30
Le numéro de téléphone, c'est le 01 **11** 05 **09 12**.

Unité 2, En plus 6, S. 31
A: français; rue; copine: école; cahier; gomme; sport; vite; frère. B: dans; fille; alors; comment; bizarre; maison; monsieur; madame; d'accord; chat; il est; classique.

Unité 2, En plus 7, S. 30
1. **Léo est dans la rue avec Marie et Moustique.**
2. **Un chat entre dans le magasin de Mme Latière.**
3. **C'est Malou, l'ami de Malabar.**
4. **Marie cherche une BD pour une amie.**
5. **Qu'est-ce que tudéteste, Léo?**

Plateau 1

Plateau 1, Révisions 1, S. 32
Die folgenden Wörter enthalten nicht den angegebenen Laut: [s] **zut;** [z] **alors;** [ɛ̃] **comment;** [ɔ̃] **grand-mère;** [ɑ̃] **regardons.**

Plateau 1, Révisions 2, S. 32
1. Moustique c'est le chien de Marie.
2. Malabar est l'ami de Malou.
3. Mme Latière est la grand-mère d'Alex.
4. M. Chabane est le papa de Marie Chabane.
5. Alex est la sœur de Jérôme.
6. Jérôme est le frère d'Alex.
7. Marie est la copine / l'amie de Léo.

Tipp: Denke an die Apostrophierung bei „le / la" und „de". Schau dir noch einmal S. 30, Nr. 3 an.

Plateau 1, Révisions 3, S. 32
1. **Malou est un chat. Il est super.**
2. **– Où sont Jérôme et Léo? – Ils sont là.**
3. **– Et Marie et Alexandra? – Elles sont dans la rue.**
4. **Vous habitez à Paris, Mme Latière?**

Tipp: Um die Entsprechungen für das deutsche „sie/Sie" in den Griff zu bekommen, schau dir in deinem Grammatischen Beiheft die Abschnitte „Was fällt dir auf?" in G2 sowie die Regeln 2 und 3 in G4 an.

Plateau 1, DELF 1, S. 33
1. **Marie;** 2. **au parc;** 3. **devant le kiosque.**

Tipp: Arbeite beim Hören immer zunächst mit dem Bleistift. Überschreibe erst nach dem zweiten Hören die Bleistiftnotizen mit dem Füller.

Plateau 1, DELF 2, S. 33
1. **la mère de Marine;** 2. **Dijon;** 3. **Paris.**

Tipp: Hier musst du sehr genau lesen. Nimm am besten farbige Marker, um in den Texten wichtige Informationen hervorzuheben.

Plateau 1, DELF 3, S. 34

Tipp: Du hast noch kein Wort des Formulars gelernt, trotzdem wirst du die Bedeutung wegen der Ähnlichkeit zum Deutschen erkennen können. Bei „date de naissance" hast du gezögert? Bei „date" ist die Nähe zu „Datum" noch offensichtlich. Und „naissance"? Hast du richtig geraten? Es heißt „Geburt".

Plateau 1, DELF 4, S. 34

Tipp: In der echten DELF-Prüfung sprichst du hier mit einem Prüfer, der sich mit dir unterhält. Suche dir einen Partner, der den Prüfer spielt und dir Fragen stellt. Für diesen Teil hast du übrigens eine kleine Vorbereitungszeit, in der du dir Stichworte auf einen Zettel schreiben kannst. In der Prüfung darfst du aber keinen Text von deinem Zettel ablesen.

Unité 3

Unité 3, Bilan 1, S. 44
Bonjour. Voilà Marie. Elle a onze ans.
Son anniversaire, c'est le 1er mars.
Sa sœur s'appelle Clara. Elle a aussi un frère: Gabriel. Son père travaille pour une radio.
Sa mère travaille dans un hôpital.
La famille Chabane habite 38 rue Truffaut.

Unité 3, Bilan 2, S. 44
1. **John;** 2. **les livres;** 3. **le sport.**

Unité 3, Bilan 3, S. 44
1. Marie a des cadeaux de ses amis: des CD, une BD et **trois livres**.
2. M. Chabane cherche **le cadeau. / les tickets de cinéma.**

Unité 3, Bilan 4, S. 44

A: A la FNAC, il y a 1. des livres, 2. des ordinateurs, et 3. des jeux vidéo.
Léo aime 4. les CD et 5. les affiches de Superbus.

B: 1. Où sont mes cadeaux: ma bougie, mon t-shirt et mon affiche?
2. Sarah cherche ses cadeaux: son t-shirt, sa bougie et son affiche.
3. Voilà tes cadeaux: ton affiche, ta bougie et ton t-shirt.

Unité 3, En plus 1, S. 45

– Allô, papa, tu es où? En France ou en Allemagne?
– Je suis à Cologne.
– Tu es là demain?
– Bien sûr, demain, je suis à Paris.
– Maman prépare un gâteau.
– C'est super!

Unité 3, En plus 2, S. 45

Qu'est-ce qu'il y a dans le carton?

Unité 3, En plus 3, S. 45

1. Léo range sa chambre. Il y a des livres, un jeu vidéo, des crayons, des cahiers et une gomme. 2. Léo range ses affaires: les livres et les cahiers dans le carton, les crayons, la gomme et le jeu vidéo devant l'ordinateur.

Unité 3, En plus 4, S. 45

1. – Voilà ton vélo! – Mon vélo? Non, c'est le vélo de Sarah. – Ah, c'est son vélo. 2. – Voilà tes t-shirts! – Mes t-shirts? Non, ce sont les t-shirts de Marie. – Ah, ce sont ses t-shirts.
3. – Voilà ta bougie! – Ma bougie? Non, c'est la bougie de Jean. – Ah, c'est sa bougie.

Unité 3, En plus 5, S. 46

1. *Jérôme:* Demain, c'est mon anniversaire. Tu prépares un gâteau pour moi, s'il te plaît?
2. *Alex:* D'accord. Mais on prépare le gâteau ensemble.
3. *Jérôme:* Euh, … d'abord, je range ma chambre. Et puis j'écoute mes CD.
4. *Alex:* Mais, c'est TON anniversaire!!

Unité 3, En plus 6, S. 47

1. **Salut** statt „Bonjour"; 3. und 4. **cadeau** statt „chien"; 7. **Demain** statt „Aujourd'hui"; 10. **cherche** statt „range".

Unité 4

Unité 4, Bilan 1, S. 55

~~un copain~~, **la famille;** ~~le CDI~~, **la musique;** ~~la mère~~, **le sport;** ~~le fils~~, **l'école.**

Unité 4, Bilan 2, S. 55

Lösungsvorschlag:
Salut ((nom)),
Ma classe, la 6eA, prépare une journée de jeux, jeudi 14 juillet, de 9 h à 13 h, dans la cour de notre / l'école. Nous faisons des jeux, nous chantons des chansons et nous écoutons des CD. Il y a aussi des gâteaux. C'est sympa, non? Alors, viens avec moi! D'accord?
A bientôt!
((nom))

Tipp: Diese Lösung ist nur eine Möglichkeit. Vielleicht hast du es anders, aber doch richtig gemacht. Am besten zeigst du deine Lösung deiner Lehrerin oder deinem Lehrer.

Unité 4, Bilan 3, S. 55

A: 1. Non, **je ne regarde pas la télé.**
2. **Non, ce n'est pas la récréation.**
3. **Non, je n'habite pas à Paris.**

B: 1. Je vais au CDI et je fais des exercices.
2. Vous allez chez Marie et vous faites vos devoirs? 3. Ils vont à l'école et ils font des jeux.

C: 1. J'aime mon frère, ma sœur, mes parents et mon amie. 2. Clara et Gabriel, où est votre cousin et où sont vos cousines?
3. Mehdi et Karima regardent leur frère et leurs parents.

Unité 4, En plus 2, S. 56

1. Léo n'est **pas là, aujourdhui**? 2. **Nous n'allons pas au CDI**? 3. **On ne regarde pas la clé USB**?
4. **Tu ne trouves pas ça bien**?

Unité 4, En plus 3, S. 56

1. **Je ne sais pas.** 2. **Excusez-moi.** 3. **Tu as raison!**
4. **C'est un rêve!** 5. **Pardon, quelle heure est-il?**

Unité 4, En plus 4, S. 56

1. vont; 2. sont; 3. ont; 4. ont; 5. font;
6. sont; 7. ont.

Unité 4, En plus 5, S. 57

A: Reihenfolge der richtigen Nummern in den Kästchen: **4 – 1 – 5 – 3 – 2.**

B: Lösungsvorschlag:
1. **Malabar est devant le collège. Il cherche**

Moustique. 2. Il va dans la cour. Mais Moustique n'est pas là. 3. Il cherche aussi à l'infirmerie. Il regarde sous les lits et sur les lits. Mais où est Moustique? 4. Malabar est derrière le gymnase. Et qui est là? Moustique ... avec Malou! 5. Ah non, non et non! Malabar rentre à la maison. Maintenant, il déteste Malou et il déteste aussi Moustique!

Tipp: Diese Lösung ist nur eine Möglichkeit. Vielleicht hast du es anders, aber doch richtig gemacht. Am besten zeigst du deine Lösung deiner Lehrerin oder deinem Lehrer.

Plateau 2

Plateau 2, Révisions 1, S. 59

Die folgenden Wörter enthalten nicht den angegebenen Laut: [ə] **tante;** [e] **merci;** [ɛ] **en retard;** [œ] **gâteau.**

Tipp: Folgende deutsche Wörter haben Laute mit einer vergleichbaren Aussprache: [ə] entspricht in etwa dem Schluss-e im Deutschen bei „bitt**e**",
[e] wie „der S**ee**", [ɛ] wie „g**ä**hnen",
[œ] wie „R**ö**cke".
Du kannst dir alle Laute über den folgenden „Zungenbrecher" merken:
«Rendez-vous à treize heures et demie chez les seize sœurs de Léonie.»

Plateau 2, Révisions 2, S. 59

1. Alex **cherche** Malou. 2. Léo **aime** les chiens. Mme Latière **déteste**
les chiens. 3. Malabar est **sous le lit.** Malou **est sur le lit.** 4. **Malou est devant le carton. Malabar est derrière le carton.**

Tipp: Das Lernen in Gegensatzpaaren ist eine gute Hilfe für das Einprägen, z. B.: chercher ≠ trouver, aimer ≠ détester, jouer ≠ travailler, sous ≠ sur, devant ≠ derrière, aujourd'hui ≠ demain, ici ≠ là.

Plateau 2, Révisions 3, S. 59

1. **Mme Mangin cherche sa clé USB.**
2. **Vous chantez pour Marie? C'est son anniversaire.**
3. **C'est votre chien, Mme Pirou?**
4. **Marie et Alex aiment leur école.**

Tipp: Um die Entsprechungen für das deutsche „ihr / Ihr" in den Griff zu bekommen, schau dir in deinem Grammatischen Beiheft die folgenden Abschnitte an: (Personalpronomen) G 4, Regel 2, sowie (Possessivbegleiter) G 10, Regel 2, und G 16, S. 24.

Plateau 2, DELF 1, S. 60

A: Reihenfolge der Dokumente: **4 – 3 – 1 – 2.**
B: 1. **Philippe;** 2. **de maths;** 3. **tennis.**
4. 0**4** 31 **19** 27 15.

Tipp: Lege dir vor der DELF-Prüfung immer Bleistift, Radiergummi, Textmarker und Kugelschreiber / Füller bereit. Arbeite beim Hören immer zunächst mit dem Bleistift. Nach dem zweiten Hören überschreibst du dann die Bleistiftnotizen mit dem Füller.

Plateau 2, DELF 2, S. 60

A: 1. **Albertine;** 2. **Marie;** 3. **A 3 heures.**
B: 1. **Cirque du Soleil;** 2. **un mois;** 3. **12,50.**

Tipp: Wenn du ein Wort nicht auf Anhieb verstehst, überprüfe, ob du vielleicht ein ähnliches Wort im Deutschen oder in anderen Sprachen kennst. Beim Leseverstehen musst du sehr genau lesen. Nimm am besten farbige Marker, um in den Texten wichtige Informationen hervorzuheben.

Plateau 2, DELF 3, S. 61

A: Lösungsvorschlag: Du kannst hier deine eigene E-Mail-Adresse eintragen oder eine E-Mail-Adresse erfinden. **Dans votre programme,**
j'aime: la musique / les chansons / les jeux / etc.
B: Lösungsvorschlag:
Objet: **Paris**
Salut Emma,
Paris est super! Je suis dans une famille française. Elle est très sympa. Tu vas bien?
Bises, ((nom))

Tipp: Die Endung der frz. E-Mail-Adressen ist „.fr". Das kennst du schon aus Unité 3, S. 36, Nr. 1.
Die angegebene Lösung ist nur eine Möglichkeit. Vielleicht hast du es anders, aber doch richtig gemacht. Am besten zeigst du deine Lösung deiner Lehrerin oder deinem Lehrer.

Plateau 2, DELF 4, S. 61

A: Lösungsvorschlag: **Je m'appelle Florian Hansen. J'habite à Potsdam, Schillerstraße 3. J'ai un chat. Il s'appelle Mimi. Avec mes amis, je fais des jeux vidéo. Au collège, j'aime l'anglais et le français. J'aime aussi jouer avec mes copains.**
B: Lösungsvorschlag: **foot: Vous aimez le foot?; anniversaire: C'est quand, votre anniversaire?; ordinateur: Vous avez un ordinateur?; famille: Qui est dans votre famille?**

Tipp: In der echten DELF-Prüfung sprichst du hier mit einem französischen Prüfer, der sich mit dir unterhält. Erst sollst du dich vorstellen. Danach stellst du dem Prüfer anhand von Wörtern, die du mit einem Kärtchen ziehst, Fragen, die er dir beantwortet. Du hast für diese Übung (Karten ziehen und Fragen stellen) keine Vorbereitungszeit. Denke daran, dass du den Prüfer während der Prüfung siezen musst.

Unité 5

Unité 5, Bilan 1, S. 71

1. appartement, entrée, salon, chambres, cuisine, bains, toilettes.
2. droit, gauche, traverse, droite.
3. gaufres, crêpes, coca, eau, menthe, faim, soif, combien

Unité 5, Bilan 2, S. 71

A: 1. Demain, je vais faire du foot; je ne vais pas regarder la télé.
2. Demain, on va faire du roller; on ne va pas aller au cinéma.

B: 1. A la cantine? – Non, je vais au CDI et après, à l'infirmerie. Mais d'abord, je vais aux toilettes.
2. Tu fais de la natation? – Non, je fais du foot et de l'athlétisme.

C: 1. Oh oui, allons à la piscine ensemble!
2. Non, ne faites pas ça!
3. Joue avec moi!

D: 1. **Est-ce que tu as un chien?**
2. **Où est-ce que tu habites?**
3. **Qu'est-ce que tu fais samedi matin?**

Unité 5, En plus 1, S. 72

D: Die Körperteile **„la tête"** (der Kopf), **„le nez"** (die Nase), **„l'oreille"** (das Ohr) kommen im Lied nicht vor.

Unité 6

Unité 6, Bilan 1, S. 81

A: Hier soir, on a fêté l'anniversaire de Lilou. D'abord, on a donné nos cadeaux à Lilou. Puis elle a soufflé les bougies. Après, nous avons écouté des CD et nous avons dansé.
A la fin, les garçons ont fait un jeu, les filles n'ont pas joué avec les garçons, elles ont discuté de leurs vêtements «cool». Je n'ai pas aimé ça. Alors moi, j'ai joué avec le petit chien de Lilou.

B: 2. **une chemise verte,** 3. **un pantalon jaune,** 4. **des chaussures rouges.**

Unité 6, Bilan 2, S. 81

1. **Ala récréation, Abdel pose des questions à Clara.** 2. **Dans la cour, Clara raconte l'histoire à son copain.** 3. **Hier, Noah a demandé à Marie: «Tu danses avec moi?»** 4. **Marie a montré une petite danse au frère de Noah.**

Unité 6, En plus 1, S. 82

1. Oui, je vais regarder le feu d'artifice.
2. Non, nous n'allons pas visiter Euro-Disney.
3. Elles ont fait du sport.
4. Non, elles n'ont pas joué avec Moustique. Il a joué avec moi.
5. Non, je n'aime pas le sport.
6. Oui, j'aime beaucoup Moustique.

Unité 6, En plus 2, S. 82

1. Marie est contente de son collège.
2. C'est un très grand collège avec des activités intéressantes. 3. Les camarades de classe de Marie sont sympas. 4. Elle trouve son prof d'allemand super. 5. Il porte toujours des vêtements bizarres: une chemise noire, un pantalon rouge et des chaussures jaunes, ce sont les couleurs de l'Allemagne.
6. Il a des bonnes idées, il donne des cours intéressants et il aime chanter des chansons allemandes avec ses élèves.

Unité 6, En plus 3, S. 82

Die Sätze **2**, **4** und **6** sind richtig. Verbesserungen der anderen Sätze: 1. **La Fête nationale est le 14 Juillet.** 3. **Le 14 Juillet, on ne travaille pas.** 5. Zum Beispiel: **Les gens dansent dans les rues.**

Unité 6, En plus 4, S. 83

Es gibt mehrere Möglichkeiten, die Adjektive einzubauen. Hier ein Beispiel:
M. Schmidt, un ami **allemand** de mon père, **a invité** notre famille. Nous **avons passé** un week-end **sympa** à Berlin. Samedi, nous **avons fait** un **grand** tour en voiture pour visiter la ville. Le soir, les Schmidt **ont préparé** un **bon** repas pour nous. Mon père **a montré** des photos **intéressantes** de Paris. Dimanche, nous **avons fait** une **petite** promenade sur le boulevard «Unter den Linden». On **a passé** deux jours **fantastiques** à Berlin.

Unité 6, En plus 5, S. 83

1. **Fête de la musique;** 2. **Toulouse;** 3. **Charlotte;** 4. **Kyo.**

Unité 7

Unité 7, Bilan S. 92

1. **Quel temps fait-il?** 2. **Il fait froid.** 3. **Il fait chaud.** 4. **Il fait mauvais.** 5. **Il fait beau.** 6. **Il pleut.** 7. **Il neige.** 8. **Il y a du vent.** 9. **Je suis désolé.** (Junge) / **Je suis désolée.** (Mädchen) 10. **Je suis fatigué.** (Junge) / **Je suis fatiguée. (Mädchen)** 11. **J'écris beaucoup de SMS, mais peu de cartes postales.** 12. **Je vais à l'école en bus.**

Unité 7, En plus 2, S. 93

A: 1. **Mona Lisa;** 2. **La Joconde est au Louvre.**
C: 1. **Dieb;** 2. **au Louvre;** 3. **Möglichkeit: Non, il n'a pas trouvé le voleur parce qu'il n'y a pas de voleur.**

Plateau 3

Plateau 3, Stratégie: Trouve les fautes, S. 95

Dies sind die Fehler: **1b)** Vous habit**ez** à Paris, M. Pirou? **1c)** Delphine et Lilou joue**nt** avec Moustique. **2a)** Les fille**s** de ma classe vont au cinéma. **2b)** N'oubliez pas vos affaire**s** dans le gymnase. **2c)** Au marché aux puces, tu trouves des joli**es** choses. **3a)** Le père d'Alex prend **sa** voiture. **3b)** Le garçon au stand, c'est **ton** frère, Clara? **3c)** Léo et son père ne trouvent pas leur**s** tickets de métro. **4a)** Aujourd'hui, je **ne** travaille pas. **4b)** Marie et Clara **ne vont** pas danser avec un petit garçon. **4c)** Jérôme n'a **pas fait** ses devoirs. **5a)** Il faut d**é**j**à** aller au lit? Oh non, il **n'e**st pas encore minuit. **5b)** O**ù** est mon p**è**re? Il n'est plus l**à**. **5c)** **Ç**a va? Le cin**é**ma est tr**è**s cher, non?

Tipp: 1. Suche das Subjekt des Satzes, schaue dann auf die Verbendung.
2. Hilfsfragen: Passt der Begleiter *(le / la / les, un / une / des)* in Geschlecht (maskulin / feminin) und Zahl (Singular / Plural) zum Nomen? Passt das Adjektiv in Geschlecht und Zahl zum Nomen, zu dem es gehört?
3. Der Possessivbegleiter (besitzanzeigendes Fürwort) richtet sich im Französischen nach dem Nomen, vor dem er steht. Achtung: *Son / sa / ses* begleiten Personen/Sachen, die einem Jungen *(sein / e)* oder einem Mädchen *(ihr / e)* gehören können.
4. Die Verneinung umschließt das konjugierte Verb, *ne* davor, *pas* … danach.

Plateau 3, DELF 1, S. 96

A: 1. **ein Geschenk;** 2. **Aline;** 3. **19 heures.**
B: Scène nº 1: **C'est dans un club de judo.**
Scène nº 2: **C'est chez des copains.**

Plateau 3, DELF 2, S. 96

1. livre **4**; 2. livre **1**; 3. livre **2**; 4. livre **3**

Tipp: Du musst nicht alles verstehen, um die Aufgabe zu lösen. Manchmal hilft es, in den Aufgaben die Schlüsselwörter zu finden und zu markieren. Hier sind die Schlüsselwörter offensichtlich „l'Afrique, les BD, les histoires de frères (et sœurs), le sport". Versuche, diese Wörter in den Buchbeschreibungen wiederzufinden und sie auch dort farbig zu markieren.

Plateau 3, DELF 3, S. 97

Lösungsvorschlag:
Cher / Chère ((nom)),
Ça va? Chez nous, ça va bien.
Nous, ce sont maman, papa et Lena, ma sœur.
Elle a 16 ans et elle est très sympa.
Nous habitons dans un appartement de 4 pièces.
Lena et moi, nous sommes ensemble dans une grande chambre. Tu vas être dans notre chambre.
A bientôt,
((nom))

Tipp: Nach der Anrede steht ein Komma und du fährst in der neuen Zeile mit einem Großbuchstaben fort. Nach dem Gruß am Ende steht ebenfalls ein Komma, danach kommt nur noch der Name (ohne Possessivbegleiter!). Mache Abschnitte, dann ist der Brief übersichtlicher.
Die angegebene Lösung ist nur eine Möglichkeit.

Plateau 3, DELF 4, S. 98

A: Lösungsvorschlag: **Je m'appelle Cennet. J'ai 12 ans. J'ai deux frères: Hakan et Ahmet. Ma mère s'appelle Medine et elle travaille à la poste. Mon père s'appelle Mehmet. Il a 42 ans et il a un magasin. Mon école n'est pas loin de notre maison. Je vais à l'école à pied. Après l'école, je rentre à la maison. Je joue un peu dans ma chambre et après, je fais mes devoirs. Le mardi, de 4 à 5 heures, j'ai un cours de guitare. Le soir, à la maison, je lis beaucoup. J'aime Harry Potter.**

B: Lösungsvorschlag:
- **Bonjour, madame / monsieur!**
- **Bonjour!**
- **Vous avez un t-shirt avec la tour Eiffel?**
- **Oui. Regarde.**
- **Il est joli. Il coûte combien?**
- **Il n'est pas cher. Il coûte / fait 15 euros.**
- **D'accord. Je prends le t-shirt. Vous avez aussi des t-shirts avec le Louvre?**
- **Désolé(e). Je n'ai pas de t-shirts avec le Louvre.**

– C'est dommage. Voilà les 15 euros. Au revoir, madame / monsieur.
– Merci beaucoup. Au revoir et bonne journée!

Tipp: Bei jeder mündlichen DELF-Übung überlegst du dir einen anderen Aspekt, den du in deine Vorstellung einbaust. So erweiterst du deinen Wortschatz und die Dauer der Redezeit. Suche dir zum Üben einen Partner, der den Prüfer spielt. Erst sollst du dich vorstellen. Danach sollst du mit dem Prüfer ein Rollenspiel durchführen. Du hast hierfür 10 Minuten Vorbereitungszeit. Denke daran, dass du den Prüfer während der Prüfung siezen musst. Tausche anschließend mit deinem Prüfer die Rollen.